AF452269

PLAIDOYER

POUR

LE MARQUIS DE CRÉQUI,

ET LE COMTE

DE CREQUI-CANAPLES,

APPELLANS;

Contre les Sieurs LE JEUNE DE LA Furjonniere, Intimés.

A PARIS,

DE L'IMPRIMERIE DE VALADE, rue des Noyers, vis-à-vis S. Yves.

M. DCC. LXXXI.

(16)

PLAIDOYER

POUR le Marquis DE CRÉQUI & le Comte
DE CRÉQUI-CANAPLES, Appellans;

CONTRE les fieurs LE JEUNE DE LA
FARJONNIERE, Intimés.

MESSIEURS;

LES TROIS ORDRES de l'Etat affemblés à Orléans pour
éclairer l'autorité fur les abus dont ils étoient & les témoins
& les victimes, demanderent avec inftance, & obtinrent
du Souverain des Loix qui réprimoient les ufurpations des
noms & des armes : nos peres penfoient qu'un nom illuftré
par une longue chaîne d'honneurs & de fervices, formoit
le plus précieux de tous les héritages, parce qu'en atteftant
les vertus des ayeux, il excite la vénération des Contempo-
rains, & rappelle à l'Etat lui-même la dette la plus refpec-
table & la plus facrée ; auffi fut-il févérement défendu de

A

violer les bornes immuables que la Providence a élevées autour de chaque famille, & les entreprises de cette nature ont-elles été considérées, moins comme des délits particuliers, que comme des attentats à l'ordre public & à la Constitution françoise.

A Dieu ne plaise, Messieurs, que je fasse à mon siecle l'injure de penser que ces idées se sont affoiblies, que le tems fatal est arrivé, où tous les rangs vont être confondus, où l'intrigue peut tenir lieu d'ayeux & de mérite, & procurer en un instant ce qu'on accorderoit à peine à des siecles de travaux & de vertus; oserois-je prévoir ces événemens sinistres dans le temple même de la Justice, & sous les yeux de ses plus fermes appuis?

C'est donc avec la plus entiere & la plus juste confiance que je viens défendre devant vous la Maison de Créqui contre les entreprises des sieurs le Jeune.

Une famille qui, de son aveu, n'est connue que depuis 1400; qui, de son aveu encore, n'est connue que sous le nom de la famille le Jeune, se propose de ravir le nom & l'état de Créqui, & demande que vous lui assuriez une place dans cette maison, l'une des plus antiques & des plus illustres du Royaume.

Daignez vous rappeller, Messieurs, ce que je disois aux sieurs le Jeune, au mois de Mars dernier, lorsque nous plaidions l'incident que vous avez renvoyé aux Requêtes du Palais. « Prouvez du moins, prouvez qu'un seul de vos Auteurs » a pensé un seul instant qu'il étoit Créqui, & l'on croira » peut-être (non pas que vous l'êtes), mais que vous avez » pu adopter de bonne foi une chymere qui vous flattoit. »

Les sieurs le Jeune n'ont pas même fait cette preuve, & cependant ils ont été maintenus, par un premier Jugement,

dàns la poſſeſſion d'un nom que leurs ayeux n'ont jamais
porté, qu'ils n'ont eux-mêmes pas reçu en naiſſant, & dont
ils ne ſe ſont emparés que depuis quelques années.

*Ils ont donc préſenté à la Juſtice de nouveaux titres, des titres
inconnus à leurs peres ?* Non, Meſſieurs, ils n'ont produit que
les mêmes titres qu'ils avoient déja lorſque nous plaidions
devant vous, & que tous les le Jeune ont lu depuis trois
cents ans, ſans y trouver jamais une ſimple préſomption de
leur deſcendance prétendue de la Maiſon de Créqui.

Ils auront donc articulé, du moins quelques faits de poſſeſſion ?
Non, Meſſieurs, mes Adverſaires reconnoiſſent formellement
qu'ils ſont encore plus dénués de poſſeſſion que de titres.
Quelle peut donc être la cauſe du triomphe étrange des ſieurs
le Jeune ?

C'eſt à vous, Meſſieurs, qu'il appartient de réparer l'atteinte portée par ce Jugement à la maiſon de Créqui, à
toutes les grandes maiſons du Royaume, & aux Loix de
l'Etat. Puiſſai-je, dans les détails auxquels je vais me livrer,
mériter toujours votre attention, & ne rien dire qui ne ſoit
également digne de l'importance de la cauſe & de la majeſté
du lieu dans lequel j'ai l'honneur de parler.

Lorſque les ſieurs le Jeune ont formé, dans ces derniers
tems, le projet d'envahir le nom & l'état de Créqui, ils ont
fait compoſer, par le ſieur d'Hoſier, une Généalogie, qui
depuis a été ſignifiée, imprimée & diſtribuée dans le public
avec profuſion : c'eſt d'après cette même Généalogie (que
mes Adverſaires comptent au nombre de leurs titres), que je
dois avant tout fixer vos idées ſur l'état ancien & moderne
de la famille le Jeune : vous ſentez combien il eſt important

I.
Plan de la défenſe
de la maiſon de
Créqui.

pour la caufe, de fe bien pénétrer de cet état, puifqu'il s'agit de décider qui font les fieurs le Jeune : examinons donc que a été l'état des ayeux de mes Adverfaires, & de mes Adverfaires eux-mêmes jufqu'à ce jour, nous verrons enfuite par quel art magique ils prétendent tout-à-coup fe métamorphofer en une branche de la maifon de Créqui.

II.
Etat de la famille le Jeune, d'après fes propres titres.

Suivant la propre Généalogie des fieurs le Jeune, leur premier auteur connu eft un Taffart le Jeune, qui fe trouva, dit-on, en 1415, à la bataille d'Azincourt. Les feuls Actes qu'on repréfente comme émanés de lui, font quelques aveux d'un très-mince fief dont il étoit le poffeffeur ; mais il ne fe donne aucune qualité, ni de Chevalier, ni de Sire, ni même d'Ecuyer ; par-tout il eft défigné fous la dénomination feche de Taffart le Jeune ; il avoit, dit-on, époufé Catherine Potel, voilà tout ce que nous favons fur fon compte.

Ici, Meffieurs, vous me prévenez fans doute, & vous obfervez que ce Taffart le Jeune, premier chef connu de la famille de mes Adverfaires, s'appelloit le Jeune, & qu'il ne s'appelloit pas Créqui : il conferva toute fa vie le nom & l'état de le Jeune. Eft-ce donc au bout de trois fiecles, qu'on pourroit lui ravir ce nom & cet état, pour y fubftituer un nom & un état étrangers ?

Voilà cependant, fuivant la propre généalogie des fieurs le Jeune, le premier chef connu de leur famille, l'auteur au-delà duquel il leur eft impoffible de remonter. Il faut donc néceffairement que fon état foit le fondement de l'état de tous fes defcendans ; & comme il n'étoit que le Jeune, il n'aura pas pu fans doute donner le jour à des Créqui.

Auffi, depuis Taffart le Jeune jufqu'à nous, c'eft-à-dire, depuis trois fiecles, l'état des le Jeune n'a pas varié un feul inftant. IL N'EN EST PAS UN SEUL QUI AIT SEULEMENT SOUPÇONNÉ QU'IL POUVOIT ÊTRE UN AUTRE QUE LE JEUNE : c'eft ce qui nous eft attefté par leur propre Généalogie.

Taffart le Jeune, dont nous venons de parler, demeuroit, dit-on, à Ambricourt dans l'Artois : il fut pere, entre autres enfans, *d'un Jean le Jeune*, qui quitta fa patrie, & vint s'établir dans la Touraine vers l'an 1450. Il fervit d'abord M. le Duc d'Orléans, & après la mort de ce Prince, il fut attaché à M. de Beaujeu, depuis Duc de Bourbon : le fieur d'Hofier, dans fa Généalogie, lui donne le titre de l'un *des Gentilshommes de l'Hôtel de Bourbon.* Cependant, aucun des actes fur lefquels le fieur d'Hofier a travaillé, ne lui affure cette qualité, & il n'a jamais pris lui-même que le titre plus modefte de Valet-de-Chambre.

Mais, m'a-t-on dit aux Requêtes du Palais, Valet-de-Chambre, c'eft comme Chambellan : les places de Chambellan n'étoient occupées que par des Gentilshommes : le Valet-de-Chambre étoit donc en effet l'un des Gentilshommes de l'Hôtel.

Il me feroit facile de prouver à mes Adverfaires, que les places de Chambellan & de Valet-de-Chambre, n'avoient alors rien de commun, & je le prouverois par leurs propres titres, dans lefquels les Chambellans font bien diftingués des Valets-de-Chambre. Je pourrois d'ailleurs démontrer, par le témoignage de Loifeau (traité des Ordres, Chap. 3, n°. 31), que peu de tems après l'époque dont il s'agit ici, François I fut obligé de créer les Offices de Gentilshommes de la Chambre, parce que les places de

Valets-de-Chambre même du Roi , n'étoient occupées que par des roturiers. Mais je n'ai pas befoin d'entrer dans ces détails, & je me flatte que nous n'aurons bientôt plus de doute fur la nature des fonctions que Jean le Jeune à exercées dans le Palais des Princes qu'il fervoit.

J'ai aujourd'hui entre les mains un état des Officiers de la Maifon du Duc Charles d'Orléans , à l'époque du décès de ce Prince , & j'y trouve en effet Jean le Jeune employé , mais employé en qualité de Tapiffier.

Voici fon article: A *Petit-Jean le Jeune* , *Tapiffier* , 22 l. 10 f. Et qu'on ne me dife pas, Meffieurs, que ce n'eft pas là notre Jean le Jeune, parce qu'il n'étoit pas un Petit-Jean, mais un Jean le Jeune : car 1°. il n'y a pas d'autre Jean le Jeune employé dans les états , & cependant , il eft conftant entre nous , que Jean le Jeune a été attaché au Duc d'Orleans jufqu'à fa mort , & n'a paffé que depuis au fervice de M. de Beaujeu. 2°. Je rapporte une quittance donnée par Voilquin Raoul , fondé de la procuration de Jean le Jeune , ALORS VALET-DE-CHAMBRE DE M. DE BEAUJEU (c'eft bien là le nôtre) pour les fommes qui lui étoient dues de fes gages , du tems qu'il avoit SERVI LE FEU DUC D'ORLEANS , EN L'OFFICE DE TAPISSIER. Jean le Jeune étoit donc Tapiffier , ou fi l'on veut , Valet - de - Chambre Tapiffier de M. le Duc d'Orléans ; il avoit des gages de 33 l. 5 f. par an , qui repréfentent 140 liv. de notre monnoie actuelle. Tel étoit au jufte la qualité de Jean le Jeune, fils de Taffart le Jeune , premier auteur connu de mes Adverfaires.

J'ai dû , Meffieurs , entrer dans ces détails , pour vous prouver qu'il n'y avoit rien dans l'état de Jean le Jeune qu'on pût concilier avec l'état d'un Créqui. Le Duc Charles d'Orléans, qui avoit époufé la niece du Duc de Bourgo-gne, qui avoit fait un long féjour dans les Etats de ce Prince, qui devoit par conféquent connoître la maifon de Créqui, dont un membre, Jean Sire de Créqui, fut à cette même époque Chevalier de la Toifon d'Or, premier Chambellan du Duc de Bourgogne, & Ambaffadeur de ce Prince auprès de Louis XI; le Duc d'Orléans, dis-je, n'auroit pas pro-pofé à un Créqui d'être fon Tapiffier. Monftrelet nous apprend que ce Prince avoit amené, pour le fervir dans fon hôtel, plufieurs perfonnes des pays du Duc de Bourgogne; il eft vraifemblable que Jean le Jeune fut du nombre. Le fieur d'Hofier, dans fa Généalogie, remarque que le Duc d'Or-léans *avoit apparemment* connu Jean le Jeune, lors de fon féjour à la Cour de Bourgogne. Je le crois comme le fieur d'Hofier; mais la nature du fervice de Jean le Jeune nous prouve affez qu'il n'étoit pas Créqui aux yeux de ce Prince.

Après la mort du Duc d'Orléans (en 1464), Jean le Jeune fut Valet-de-Chambre de M. de Beaujeu, qui devoit époufer Marie d'Orléans, fille de M. le Duc d'Orléans: il s'éta-blit depuis à Tours; il paroît qu'il y vécut paifiblement juf-qu'en 1478; mais à cette époque, il fut impofé à la taille: il fe prétendit noble, & plaida contre les habitans de fa Paroiffe. Les fieurs le Jeune rapportent eux-mêmes le Ju-gement de l'Election de Tours fur cette conteftation. C'eft là, fans doute, que nous devons connoître les véritables qualités, & l'état certain de Jean le Jeune: il déclinera dans ce moment critique, fon nom & fon état, & il impo-fera filence à fes Adverfaires, en leur difant: Je fuis Créqui. Voyons donc comment s'exprima Jean le Jeune.

« De la partie dudit Jean le Jeune a été fait dire qu'il étoit
» noble homme, né & extrait de noble lignée fuivant les
» armes fous la charge de M. de Beaujeu. »

Voilà tout ce que prétendit Jean le Jeune en 1478, & il
fera difficile peut-être de concilier cette prétention avec
l'état de Créqui qu'on veut lui donner au bout de trois fiecles.

Il fut admis, par un premier Jugement, à la preuve du fait
qu'il étoit noble. Inconnu dans la Touraine, il eût dû naturellement accourir dans l'Artois, dans le centre de fa famille,
& attefter fur ce point la notoriété publique : ce n'eft cependant pas là ce qu'il fit ; il aima mieux fe rendre à Paris ; là
il conduifit quelques Particuliers obfcurs dans l'Etude d'un
Notaire & fe fit donner par eux un certificat de nobleffe.

Vous le verrez dans la fuite, Meffieurs, ce certificat ; je
vous en ferai la lecture entiere : mais j'ofe d'avance vous
affurer que vous n'y trouverez pas (je ne dirai pas une preuve,
je craindrois de profaner ce mot), mais la préfomption la
plus légere que Jean le Jeune fût en effet iffu de la Maifon de
Créqui. Quant à préfent, mon feul objet eft de vous expofer
les faits & de vous bien faire connoître le véritable état de la
famille le Jeune.

Muni de ce certificat, Jean le Jeune revint dans la Touraine ; il communiqua cette piece aux habitans, *lefquels*,
porte la Sentence qui a fuivi, *ont confenti prendre droit par
icelle*, & en conféquence Jean le Jeune fut *déclaré franc &
exempt de taille, mais fans dépens.*

Ce Jugement eft du mois de Novembre 1478 : il eft rela-
tif uniquement à la nobleffe de mes Adverfaires, & cependant c'eft le premier, & je ne crains pas de le dire le plus
fort de tous leurs titres.

Mais

Mais vous allez voir combien peu il fut refpeété, même de ceux qui l'avoient rendu : ce même Jean le Jeune, à qui l'on venoit de contefter fa nobleffe en 1478, fut inquiété de nouveau, au même fujet, fept ans après, par les Fermiers du huitieme. Il avoit époufé Jeanne Secard, veuve d'un fieur Rouffeau, & celle-ci avoit fait, dans la ville de Tours, le commerce de vin en détail. Les Fermiers réclamerent les droits ; Jean le Jeune foutint qu'il n'en devoit pas, en fa qualité de noble, *& en raifon*, ajouta-t-il, *de ce que le mari ennoblit la femme :* reconnoiffance bien formelle de fa part que fa femme étoit née roturiere. Les Fermiers du huitieme contefterent de nouveau cette nobleffe de Jean le Jeune, & celui-ci fut obligé de plaider encore dans cette même Eleétion, où, fept ans auparavant, il avoit foutenu un Procès pour le même objet.

En vain il préfenta le Jugement qu'il avoit obtenu, en vain il produifit le certificat de nobleffe qu'il s'étoit fait donner à Paris : au lieu de le déclarer noble & exempt des droits, les mêmes Juges, qui avoient prononcé fur la premiere conteftation, enjoignirent de nouveau à Jean le Jeune de prouver fa nobleffe, & ils expédierent des commiffions rogatoires pour les Elus de Paris & d'Arras.

Mais Jean le Jeune s'obftina à ne pas faire fes preuves dans l'Artois, où il étoit né & connu ; il le pouvoit cependant, puifque le Roi de France, à cette époque, étoit en poffeffion paifible de cette Province : il s'obftina à n'invoquer le témoignage d'aucuns des Officiers des Princes qu'il avoit fervi. Il préféra de venir à Paris, & fit entendre, devant un Elu de cette Capitale, fix perfonnes ; deux Prêtres, deux Gentilshommes & deux Tapiffiers.

B

Les deux Prêtres déclarerent connoître Jean le Jeune par ouï-dire : des deux Gentilshommes, l'un dit connoître Jean le Jeune par ouï-dire, & l'autre, de vue. Les deux Tapiffiers attefterent qu'ils le connoiffoient particuliérement, tous déclarerent que Jean le Jeune étoit noble ou paffoit pour tel, aucun ne rappella fes fervices auprès du Duc d'Orléans; muni de ce titre précieux, Jean le Jeune revint à Tours & fut déclaré noble, mais avec une compenfation de dépens POUR AUCUNES CAUSES A CE NOUS MOUVANS, eft-il dit dans la Sentence.

Je vous donnerai encore dans la fuite, Meffieurs, une lecture entiere de ce Jugement & de l'enquête qui avoit précédé. J'obferve feulement qu'il n'y a pas un mot dans ces dernieres pieces dont mes Adverfaires puiffent tirer le plus léger avantage : elles font relatives à la nobleffe de Jean le Jeune, dont il ne s'agit pas ici.

Avant d'aller plus loin, permettez-moi de vous faire connoître comment le fieur d'Hofier, dans la généalogie qu'il a faite pour nos Adverfaires, parle de ces conteftations fufcitées à Jean le Jeune. Il eft bon de développer l'efprit de cet ouvrage, & de remarquer l'art avec lequel on embellit les chofes les plus communes. « Jean le Jeune s'étant établi à » Tours, *la Cour étant au Pleffis-les-Tours* vers l'an 1478, il » fut obligé, comme étranger, de fe faire connoître ; c'eft ce » qui donna lieu aux enquêtes. »

Ce langage pompeux, réduit à fa jufte valeur, fignifie que Jean le Jeune, Valet-de-chambre-Tapiffier, fuivit le Prince qu'il avoit l'honneur de fervir; qu'établi à Tours, il y fut impofé à la Taille, & qu'il fut obligé de plaider contre les habitans de fa Paroiffe & contre les Fermiers du huitieme qui lui conteftoient fa nobleffe.

Quoi qu'il en foit, Jean le Jeune inquiété deux fois à raifon de cette Nobleffe, ne quitta cependant pas le nom fatal
qui lui attiroit tant de perfécutions : il s'obftina à fe dire le
Jeune, il eft cependant vraifemblable qu'il favoit, auffi bien
que fes Defcendans, quel étoit fon nom ; qu'il connoiffoit
mieux que nous fon pere, fon grand pere, fes ayeux; néanmoins il ne fe prétendit jamais Créqui; &, à l'exemple de
fes devanciers, il prit le parti de mourir comme il avoit vécu,
c'eft-à-dire, Je Jeune, parce qu'il étoit né le Jeune.

Mais avant de mourir il fe rapprocha de fes parens d'Artois par un Acte que mes Adverfaires ont repréfenté l'année
derniere, & dont je dois vous rendre compte.

Jean le Jeune avoit laiffé à Ambricourt un frere appellé
Hue le Jeune; celui-ci avoit eu un fils nommé Jeannet le
Jeune ; Jeannet fut inquiété dans fa Nobleffe à Ambricourt
même, où il étoit né, comme Jean le Jeune fon oncle l'avoit
été à Tours, & comme lui il fut obligé de fe faire connoître,
pour me fervir des termes du fieur d'Hofier, c'eft-à-dire, de
plaider contre fes concitoyens : auffi-tôt il accourut dans la
Touraine, & fe fit expédier, par des Notaires, une copie
de l'Enquête de 1485, & de la Sentence qui avoit fuivi, dé-
daignant le premier certificat & la premiere Sentence, que
les Elus de Tours eux-mêmes avoient rejetté ; & pour for-
tifier ces pieces il fe fit donner, par Jean le Jeune fon oncle,
une atteftation conçue en ces termes.

« Et en outre nous ont certifié & rapporté & pour vrai té-
» moigné lefdits Notaires eux & chacun d'eux avoir été pré-
» fens cejourd'hui, que Noble Homme Jean le Jeune,
» Ecuyer & *Valet-de-Chambre ordinaire* de Haut & Puiffant
» Monfeigneur le Comte de Bourbonnois & d'Auvergne,

» leur a certifié, rapporté & attesté pour vrai en son serment
» par lui fait que Jeannet le Jeune, à présent demeurant à
» Ambricourt en la Comté de St. Paul, fils de Hue le Jeune,
» est neveu propre dudit attestant, parce que ledit feu Hue
» le Jeune & attestant étoient freres germains enfans de feu
» Taffart le Jeune, lequel en son vivant a toujours vécu no-
» blement & depuis ledit attestant pareillement sondit feu
» frere, ont vécu & encore vit icelui attestant noblement,
» & use de tous priviléges de Noblesse *dont & de ce a été re-*
» *quis & demandé par ledit Jeannet auxdits Notaires*, acte &
» instrument qu'ils lui ont octroyé. Donné audit Tours, le
» 25ᵉ. jour de Septembre 1494 ».

Ainsi Jean le Jeune, né dans l'Artois, & établi à Tours,
obligé de prouver sa Noblesse, accourt pour faire ses preuves
à Paris où personne ne le connoît ; & Jeannet le Jeune son
neveu inquiété depuis dans sa Noblesse comme son oncle, au
sein même de sa Patrie, est forcé de quitter l'Artois & de
venir à Tours pour demander des titres : conciliez encore si
vous le pouvez ces faits tirés de vos propres pieces avec
l'état de Créqui que vous voulez donner à vos ayeux.

Enfin, Jean le Jeune, votre second auteur connu, n'a
jamais eu d'autre état que celui de son pere, & a toujours
été le Jeune comme lui. Il paroît que sa veuve, après sa
mort, continua le commerce de vin en détail, & que les
Fermiers du Huitieme lui contesterent encore les priviléges
des Nobles ; mais elle y fut maintenue par une Sentence du
12 Août 1504, sous le prétexte sans doute que *le mari ennoblit la femme* : c'est la troisieme contestation que vos ayeux
ont soutenu pour leur Noblesse, & nous ne voyons jusqu'ici

rien de compatible avec l'état de Créqui ; la fuite nous préfentera-t-elle quelque chofe de plus favorable ?

Jean le Jeune, de qui nous venons de parler, eut plufieurs enfans, entr'autres un Jean le Jeune fecond du nom, qui forme le troifieme degré de la généalogie des le Jeune : celui-ci tranfporta, dit-on, fon domicile de la Touraine dans l'Anjou ; & fit l'acquifition de la Terre de Bonneveau ; voilà ce que nous apprend le Généalogifte de mes Adverfaires ; mais pourquoi n'a-t-on pas dit tout ce qu'on favoit ? Il faut donc fuppléer à ce qu'on a cru avoir intérêt de cacher.

Ce Jean le Jeune étoit Commis à la Recette des Tailles de Saumur : il époufa Louife Tiphaine, veuve du fieur Epinard : on croiroit peut-être qu'après les trois Jugemens rendus en faveur de fon pere ou de fa mere, il jouit tranquillement de fa Nobleffe ? on fe tromperoit, on eut encore la témérité de l'impofer à la taille, & il fut obligé de fe faire connoître, c'eft-à-dire, *de plaider contre les Habitans de fa Paroiffe* ; il paroît même que cette conteftation fut férieufe & longue : car nous trouvons un premier Jugement *du 18 Août 1515*, qui enjoignit à Jean le Jeune, Commis à la Recette des Tailles, de juftifier de fes titres, & ce n'eft que *le 15 Septembre 1535*, après plus de 20 ans, qu'il obtint une Sentence, qui déclara qu'à l'avenir *il demeureroit exempt de taille* : c'eft là le quatrieme procès que les ayeux des fieurs le Jeune ont eu pour leur Nobleffe ; Jean le Jeune, qui le fit juger, fut pere de Jean le Jeune III du nom : celui-ci époufa en 1551, (fi nous en croyons un Jugement que mes Adverfaires ont fait rendre en 1667), honnête fille Françoife Foulon, fille de M^e. Pierre Foulon, Licencié ès Loix, & élu pour le Roi à Saumur, & d'honnête femme Jacquette Saucier.

Voilà les quatre premiers degrés de la généalogie des fieurs le Jeune : permettez-moi de les retracer avant de paffer au cinquieme.

Le premier de leurs auteurs eft Taffart le Jeune, qui époufa Catherine Potel. Nous ignorons fon état ; il ne prit jamais dans aucun Afte aucune qualité ni aucun titre.

Le fecond eft Jean le Jeune, Tapiffier de M. le Duc d'Orléans, Valet-de-chambre de M. de Beaujeu : il époufa Jeanne Secart, veuve Rouffeau.

Le troifieme eft Jean le Jeune, Commis à la recette des Tailles de Saumur, qui époufa Louife Tiphaine, veuve Epinard.

Enfin le quatrieme eft Jean le Jeune, qui époufa honnête fille Françoife Foulon, fille d'un Elu de Saumur.

Tels font encore une fois les quatre premiers auteurs connus des fieurs le Jeune : ils n'étoient certainement pas alors Créqui. Le font-ils devenus depuis ? c'eft-là toute la Caufe : continuons l'examen de la généalogie.

Leur cinquieme auteur eft encore un Jean le Jeune, quatrieme du nom, qui époufa Marie Ferjeon. Je m'empreffe, Meffieurs, de rendre à fa mémoire le tribut de vénération qu'un brave Citoyen mérite de la poftérité : celui-ci fervit avec diftinſtion ; fon courage & fes talens l'éleverent au-deffus de fes ayeux : il fut, dit-on, Gentilhomme ordinaire de la Chambre, Gouverneur pour le Roi des Ville & Château de Ponts-de-Cé, Meftre de Camp d'un Régiment d'Infanterie ,& Chevalier de l'Ordre de Saint Michel.

Mais quelque frappant que soit le contraste de l'état de Jean le Jeune, quatrieme du nom, avec l'état de ses prédécesseurs, vous ne voyez cependant rien ici qui annonce que Jean IV. fut Créqui, ou même qu'il se présumât issu de cette Maison. Content d'honorer le nom de ses peres, il ne songea jamais à se décorer d'un nom plus illustre qui ne lui appartenoit pas.

Il épousa, comme je l'ai déja observé, Marie Ferjeon en 1589 ; il en reçut en dot le fief de la Furjonniere, dont mes Adversaires portent encore le nom. C'est le premier de la famille le Jeune que le sieur d'Hosier ait qualifié de Chevalier dans sa généalogie : en effet, il fut fait Chevalier de Saint Michel en 1604. Mais qu'il me soit permis d'observer, sans blesser la mémoire de ce Citoyen estimable, qu'on ne faisoit aucune preuve pour être admis dans cet Ordre : il étoit conféré, ou à la naissance, ou au mérite, ou à la faveur ; aussi voyons-nous que le même Jean le Jeune, dont il s'agit ici, fut forcé, comme ses peres, d'essuyer des débats sur sa noblesse. *Il obtint, le 28 Mars 1599, un Jugement qui le maintint dans les priviléges attribués aux nobles.* Ce fut le cinquieme rendu pour la famille le Jeune : on ne parle pas de tous ces Jugemens dans la généalogie, parce qu'on a bien senti que des Créqui n'auroient pas été obligés de faire juger cinq fois leur noblesse. Il n'y a donc encore, sur ce cinquieme degré, rien qui ne soit pleinement exclusif de l'état de Créqui.

Pierre le Jeune, premier du nom, fils de Jean IV dont nous venons de parler, forme le sixieme degré. Le sieur d'Hosier ne lui donne d'autre qualité que celle de Seigneur de la Furjonniere. Il nous apprend d'ailleurs que, *suivant les mémoires domestiques,* il fut fort attaché à la Reine Marie de

Médicis. Cette circonstance est assez indifférente pour la déci-
sion de la Cause ; mais il n'est pas indifférent peut-être d'observer que le sieur d'Hosier, pour composer sa généalogie, a
consulté jusqu'aux mémoires domestiques de mes Adversaires ;
& comme il ne dit dans aucun endroit que ces mémoires rap-
prochent les le Jeune des Créqui, il en résulte, si je ne me
trompe, que les mémoires domestiques sont absolument muets
sur la prétendue origine des le Jeune, & leur silence assure
incontestablement à mes Adversaires tout l'honneur de l'inven-
tion.

Quoi qu'il en soit, Pierre le Jeune, Seigneur de la Furjonniere, qui, suivant les mémoires domestiques de sa famille,
fut attaché à la Reine Marie de Médicis ; Pierre le Jeune,
dis-je, ne soupçonna jamais qu'il fût Créqui. Il se maria trois
fois comme le Jeune, la premiere avec Renée Foulon, sa
cousine, niece de Françoise Foulon dont nous avons déja
parlé ; la seconde avec Marie de Cerisai, & la troisieme avec
Anne Eveillard.

Malgré toutes les contestations que ses peres avoient es-
suyées sur leur noblesse, il fut encore obligé de justifier la
sienne devant les Commissaires du Roi pour le réglement des
tailles. Ce fut pour la sixieme & non pas pour la derniere fois ;
il sembloit qu'il y eût une fatalité attachée à ce nom de le
Jeune, & que chacun des individus qui le recevoit de ses
peres dût nécessairement soutenir un Procès pour établir qu'il
étoit noble.

Pierre le Jeune, dont il s'agit ici, forcé comme ses peres
de prouver sa noblesse, réunit tous les actes de sa famille :
actes de baptême, de mariage, de sépulture, contrats, par-
tages, enquêtes, tout ce que nos Adversaires produisent
aujourd'hui,

aujourd'hui, Pierre le Jeune le produifit alors ; que trouva-t-il dans toutes ces pieces ? lui infpirerent-elles un fimple foupçon qu'il pouvoit être Créqui ? Il fut bien loin d'adopter une pareille chimere : il compofa une généalogie fur fes titres, il établit qu'il defcendoit du lignage & parentage des le Jeune ; & plus inftruits fans doute que nous ne le fommes aujourd'hui, il découvrit à ce même Taffart le Jeune, que nos Adverfaires annoncent comme leur premier auteur connu, un pere & un grand-pere : il le déclare fils d'un Guillaume & petit-fils d'un Robert le Jeune. Sur fa Requête, fur le vu de fes titres, fur les conclufions du Miniftere Public, il intervint, le 22 Mars 1635, un Jugement qui ordonna qu'il jouiroit des priviléges attribués aux nobles du Royaume. J'obferverai que dans cette Requête il ne prend que le titre d'Ecuyer, ce qui n'a pas empêché le fieur d'Hofier de le qualifier de Chevalier dans la généalogie. Ce Jugement de 1635 eft vifé à la page 4 de cette généalogie imprimée. Depuis un an que la conteftation actuelle eft engagée, j'ai toujours fommé mes Adverfaires de le produire. Jamais il ne m'a été poffible d'en obtenir la communication ; je ne concevois pas les motifs de leur obftination à cacher cet acte : enfin, Meffieurs, je m'en fuis procuré une copie que je ne tiens pas des fieurs le Jeune, & en la lifant, je n'ai plus été furpris du myftere qu'on faifoit de cette piece ; c'eft dans ce Jugement & dans un autre de 1667, dont je parlerai bientôt, que j'ai trouvé de quoi compofer un fupplément à l'ouvrage du fieur d'Hofier ; c'eft-là que j'ai puifé tout ce que je viens de plaider fur l'ancien état de la famille le Jeune, fur laquelle on avoit artificieufement ménagé une obfcurité favorable ; c'eft-là que nous la trouvons luttant pendant deux fiecles contre ſes Concitoyens trop heureuſe de ſe maintenir avec le ſecours des mêmes titres qu'on repréſente aujourd'hui dans les qualités d'Ecuyer & de noble, & loin d'aſpirer à deſcendre d'une des premieres Maiſons du Royaume. On avoit donc des raiſons puiſſantes de nous refuſer la *communication* de ces pieces : elles ſont inconciliables en effet avec les prétentions actuelles de mes Adverſaires.

Je reviens à Pierre le Jeune, qui forme le ſixieme degré de la Généalogie ; il fut maintenu dans ſa nobleſſe comme le Jeune, & mourut dans le même état.

François le Jeune, premier du nom, l'un de ſes fils, a continué ſa deſcendance ; c'eſt le ſeptieme auteur connu de mes Adverſaires.

Le ſieur d'Hoſier ne lui donne que la qualité de Seigneur de la Furjonniere : il nous apprend d'ailleurs qu'il a été Page, puis Mouſquetaire, & qu'il a fini par épouſer Anne Baſcher.

Il auroit pu ajouter que ce François le Jeune, premier du nom, fut obligé comme ſes peres, de prouver ſa nobleſſe : ce fut pour la ſeptieme fois, il produiſit de nouveau tous ſes titres ; il compoſa une Généalogie qu'il ne fit pas remonter au-delà de Taſſart le Jeune ; & l'on trouve encore viſées dans le Jugement qui intervint, & dont mes Adverſaires ont conſtamment refuſé de donner copie, les titres qui juſtifient l'incompatibilité de leur état ancien, avec l'état de Créqui.

François le Jeune, qui le fit rendre, donna le jour à Pierre le Jeune, deuxieme du nom, grand-pere de mes Adverſaires, & qui forme le huitieme degré de leur Généalogie.

Pierre le Jeune eſt qualifié de Seigneur de la Furjonniere, Chevalier de Saint-Louis, & Lieutenant du Grand-Maître

de l'Artillerie de France ; il époufa, dit-on, Marie de Mouf-
feaulx, & il porta jufqu'au tombeau le nom de le Jeune,
qu'il tenoit de fes peres.

Il laiffa un fils nommé François le Jeune, c'eft le pere
des fieurs le Jeune contre qui nous plaidons : le fieur d'Hofier
lui donne la qualité de Commiffaire de l'Artillerie : il époufa
Marie - Lancelotte - Philiberte - Renée - Richer de Neufville ;
mais il l'époufa fous le nom de le Jeune, il en eut quatorze
enfans, qu'il fit baptifer tous fous ce nom : il eft mort, dit-
on, depuis fept à huit ans, & je crois pouvoir affurer, que
s'il eft mort comme on le dit, il a encore été inhumé fous
le nom de le Jeune ; car mes Adverfaires, quelques fom-
mations qu'on leur ait faites, n'ont jamais voulu repréfenter fon acte mortuaire, ni feulement déclarer le lieu où
il étoit décédé, pour nous mettre en état de lever cette
piece.

Tel eft donc, d'après la propre Généalogie & les propres
Titres des fieurs le Jeune, l'état ancien & moderne, le véritable état de leur famille. Depuis leur premier auteur
connu jufqu'à nous, il n'en eft pas un feul qui ne foit né,
qui n'ait vécu conftamment, & qui enfin ne foit mort le
Jeune. Mes Adverfaires eux - mêmes ont tous été baptifés
fous ce même nom, & François-Marin le Jeune, l'aîné,
qui a fufcité l'affaire actuelle, étoit entré au Service, &
avoit vécu pendant trente ans le Jeune, lorfque tout-à-coup
il a imaginé qu'il étoit le Comte de Créqui ; qu'un de fes
freres étoit le Vicomte de Créqui, qu'un troifieme étoit le
Baron de Créqui, qu'un quatrieme étoit l'Abbé de Créqui,
que tous enfin étoient fils du Marquis de Créqui ; & cette
métamorphofe étrange dont on n'avoit jufqu'ici d'exemple

qu'au Théatre ou dans les Romans, il l'a réalifée dans la Société avec le fecours de fon Généalogifte.

« Les Seigneurs de la Furjonniere (a dit le fieur d'Hofier, » dans le préambule de la Généalogie) les Seigneurs de la » Furjonniere ayant toujours fervi les Rois avec diftinc- » tion, s'étant rendus dignes de leur bonnes graces & de » leurs bienfaits, ayant occupé des places confidérables, » foit à la Cour, foit dans le Service Militaire, & contracté » de bonnes alliances, cette branche ne peut que faire hon- » neur au nom de Créqui ».

Voilà ce que le fieur d'Hofier a cru pouvoir attefter : vous le voyez, Meffieurs, il juftifie les prétentions des fieurs le Jeune, par les honneurs, les dignités, les places confidé- rables que leurs peres ont occupé, foit à la Cour, foit dans les Armées, & enfin par leurs alliances. Je ne faurois donc me difpenfer, pour vous mettre en état d'apprécier cette opinion du fieur d'Hofier, de vous retracer fous un même point de vue, & en très-peu de mots, la fuite des aïeux de mes Adverfaires avec leurs véritables qualités.

Taffart le Jeune, qui vivoit en 1440, eft leur premier auteur connu ; il n'a jamais pris aucune qualité de Cheva- lier, de Sire ou d'Ecuyer ; il époufa Catherine Potel.

Son fils Jean le Jeune, deuxieme autgur connu de fa famille, fut Tapiffier de M. le Duc d'Orléans, & Valet-de- Chambre de M. de Beaujeu : il époufa Jeanne Secard, veuve Rouffeau née roturiere de fon aveu ; lui ou fa veuve ont fou- tenu trois conteftations pour fe maintenir dans les privi- léges de la nobleffe.

Le troifieme auteur connu eft Jean le Jeune, Commis à la Recette des Tailles de Saumur : il époufa Louife Tiphaine, veuve Epinard, & plaida pour la quatrieme fois pendant vingt ans, pour établir qu'il étoit noble.

Le quatrieme eſt Jean le Jeune, troiſieme du nom, qui, ſuivant une Sentence de 1667, épouſa honnête fille Françoiſe Foulon, fille de Mᵉ. Pierre Foulon, Licencié ès Loix & élu pour le Roi, à Saumur, & d'honnête femme Jacquette Saucier.

J'ai rendu juſtice à la mémoire du cinquieme, il fut honorer ſon nom ; il fut, dit-on, Gentilhomme ordinaire de la Chambre, Gouverneur des Ville & Château de Pont de Cé, & Chevalier de l'Ordre de Saint-Michel : il épouſa Marie Ferjeon, qui lui porta en dot le Fief de la Furjonniere ; il fit rendre un cinquieme Jugement au ſujet de ſa nobleſſe.

Pierre le Jeune, premier du nom, fils du précédent, forme le ſixieme degré : le ſieur d'Hoſier ne lui donne d'autre qualité que celle de Seigneur de la Furjonniere : il épouſa en premiere nôces Renée Foullon ; en ſeconde nôces Marie de Ceriſai, & en troiſieme nôces Anne Eveillard : il fut obligé pour la ſixieme fois de juſtifier que les le Jeune étoient nobles.

C'eſt de ce Pierre le Jeune & d'Anne Eveillard, qu'eſt né François le Jeune, qui forme le ſeptieme degré de la Généalogie. On ne lui donne, comme à ſon pere, d'autre titre que celui de Seigneur de la Furjonniere : il épouſa Anne Baſcher, & pour la ſeptieme fois, il fit juger ſes titres de nobleſſe.

Le huitieme degré eſt occupé par Pierre le Jeune, deuxieme du nom, qu'on qualifie de Seigneur de la Furjonniere, Chevalier de Saint-Louis, & Lieutenant du Grand-Maître de l'Artillerie ; il épouſa Marie de Mouſſeaux.

Enfin le neuvieme des auteurs connus des fieurs le Jeune, eft François le Jeune, deuxieme du nom, pere de mes Adverfaires, qui fut Commiffaire des Guerres, & époufa Demoifelle Richer de Neufville, il eft mort en 1772 comme il avoit vécu, c'eft-à-dire le Jeune.

Tel étoit encore une fois l'état certain de mes Adverfaires depuis trois cents ans, lorfque tout-à-coup, fans égard pour leur poffeffion d'état perfonnelle, fans refpect pour la poffeffion d'état de leurs peres, au mépris de tant de monumens & de monumens fi facrés qui cònftituent cet état depuis trois fiecles, les fieurs le Jeune ont prétendu fe transformer en une branche de la Maifon de Créqui, & n'ont pas craint d'accufer leurs ayeux d'ignorance ou de foibleffe, parce qu'ils ont eu la bonne-foi de porter pendant tout le cours de leur vie, le nom qu'ils avoient reçu en naiffant.

Mais quels font donc les motifs puiffans qui ont dû vous engager à abdiquer votre ancien état pour en prendre un nouveau ? Vous avez fans doute recouvré des titres décififs, accablans, car il vous faut des titres de cette nature pour changer un état cimenté par une poffeffion de quatre cent ans, & pour devenir fubitement les rejettons d'une des premieres maifons du Royaume : avez-vous fait des découvertes nouvelles, produifez-vous des titres inconnus à vos peres, l'obfcurité qui enveloppe votre origine s'eft-elle diffipée ? Non, vous ne préfentez que ces mêmes titres que vos peres lifent depuis trois fiecles, fans y voir d'autres perfonnes que des le Jeune. Je dis que vos peres les lifent depuis trois fiecles; en effet, fept fois ils ont été forcés de les produire pour juftifier leur nobleffe fept fois conteftée, & vous ne direz pas peut-être qu'on les a laiffés s'endormir dans une fécurité funefte. Vous n'avez cependant aujourd'hui que ces mêmes pieces que vos ayeux ont tant parcourues, fans y trouver ce que vous y cherchez. Vos prétendues Enquêtes de 1478 & 1485, au fujet de votre nobleffe, vos armes, qui repréfentent un créquier, votre nom de le Jeune : voilà les fondemens de toutes vos prétentions. Je les difcuterai, Meffieurs, & je ne crains pas de le dire, je les renverferai fans peine, ces fondemens fragiles ; mais il convient auparavant de vous rendre compte de quelques faits qui fe font paffés depuis l'inftant où les le Jeune ont formé le projet d'abjurer leur véritable état pour s'en procurer un plus flatteur.

C'eft en 1761 que mes Adverfaires paroiffent s'être adreffés au fieur d'Hofier pour l'engager à faire leur généalogie : vous le favez mieux que moi, Meffieurs, le fieur d'Hofier n'a aucun caractere particulier, reconnu en la Cour, qui lui donne plus qu'à tout autre le droit de s'occuper de ces fortes d'ouvrages. Une généalogie de lui eft, tout au plus, fon opinion. Il a dreffé celle des fieurs le Jeune fur les pieces qu'ils ont communiquées, & tout le monde peut juger fon travail ; il ne s'agit que de voir s'il a parlé de tous les titres, & fi les titres dont il parle préfentent les inductions qu'il en tire. Il n'y a pas de matiere fur laquelle le public puiffe prononcer avec plus de facilité, & il ne faut, pour ainfi dire, que des yeux pour apprécier un ouvrage de cette nature.

Lorfque le fieur d'Hofier l'a compofé, il exiftoit trois membres de la maifon de Créqui. Le Marquis de Créqui, Lieutenant-Général des Armées du Roi, mort depuis, & qui n'a laiffé que deux filles ; le Marquis de Créqui actuel que je défends, & qui étoit alors mineur, & le Comte de

III.
Faits qui fe font paffés depuis que les le Jeune ont formé le projet de devenir Créqui.

Créqui-Canaples, dont les intérêts me font auffi confiés.

Les fieurs le Jeune s'introduifirent auprès du feu Marquis de Créqui; ils lui firent préfenter la généalogie, faite par le fieur d'Hofier, & le feu Marquis de Créqui, féduit par cette autorité, reconnut mes Adverfaires comme étant de fa maifon; il fit même part de fa démarche à fon petit neveu, le Marquis de Créqui actuel, & lui marqua que *la lettre du fieur d'Hofier le déterminoit à les reconnoître.* Je ne me permettrai fur ce point aucune réflexion. Le feu Marquis de Créqui n'a pas pu difpofer de fon nom, ni faire qu'un homme qui n'eft pas né Créqui, le foit devenu : aucune puiffance humaine n'a ce droit, & fur ce point nous fommes heureufement tous d'accord. Les fieurs le Jeune d'ailleurs n'ont jamais été reconnus, ni par le Marquis de Créqui actuel, ni par le Comte de Créqui-Canaples; au contraire, ceux-ci ont conftamment réclamé contre les entreprifes des fieurs le Jeune, & leur ont toujours demandé, avant de les avouer pour parens, la preuve de leur defcendance prétendue de la maifon de Créqui. Ils ont fait ce qu'ils ont cru devoir au fang dont ils font iffus ; refponfables de leur nom à la mémoire des grands Hommes qui l'ont honoré ; à la poftérité, à qui ils doivent le tranfmettre dans tout fon luftre ; à l'Etat lui-même, dont les grandes maifons du Royaume font le premier & plus ferme appui, ils n'ont pas cru devoir y affocier une famille étrangere, qui loin d'y avoir aucun droit, n'y eut jamais la fimple apparence d'une prétention.

Auffi, lorfque le fieur le Jeune l'aîné eft monté dans les carroffes du Roi, au mois de Décembre 1773, fur le bruit qui s'étoit répandu qu'il y étoit monté comme Créqui, le Marquis de Créqui actuel écrivit au fieur Cherin, Généalogifte,

gifte , chargé de cette partie , la lettre dont je vais vous donner lecture ; elle vous fera connoître les fentimens qui l'ont
toujours animé.

« On vient de m'apprendre , Monfieur , que M. de la Fur-
» jonniere avoit monté dans les carroffes du Roi , fous le
» nom de Créqui : vous favez que mon opinion de votre
» probité & de vos lumieres m'a fait dire dans tous les tems
» que je m'en rapportois à votre jugement fur cela. Je vous
» prie donc de me faire l'honneur de me marquer fi vous les
» avez jugés de la maifon de Créqui , fi vous préfumez qu'ils
» peuvent en être, ou fi vous n'avez rien prononcé fur cette
» queftion ; parce que je reglerai ma conduite d'après votre
» réponfe.

» J'ai l'honneur d'être, &c. »

Le fieur Cherin ne put pas s'expliquer fans un ordre fupé-
rieur. Le Marquis de Créqui prit la liberté d'écrire au feu
Roi , & l'ordre fut expédié ; mais le fieur le Jeune s'étoit donné
la peine de paffer auparavant chez le Marquis de Créqui ,
& lui avoit fait demander une entrevue. Je vous fupplie ,
Meffieurs, de me permettre encore de mettre fous vos yeux
la réponfe du Marquis de Créqui , il ne doit, il ne veut
vous cacher aucun de fes procédés.

« Vous m'avez fait l'honneur de paffer chez moi , Mon-
» fieur , j'imagine que c'eft pour parler d'une affaire qui nous
» intéreffe tous deux, j'aurai l'honneur de vous dire que je
» n'attends plus que le certificat du fieur Cherin. *Si ce certi-*
» *ficat dit que nous fommes du même nom , j'irai fur le champ*
» *vous embraffer.* S'il ne le dit pas, il eft inutile de nous
» voir, à moins que vous n'ayez quelque autre chofe à
» m'ordonner , &c.

D

Cependant le fieur Cherin remit, fur l'ordre du Roi, non pas fon certificat, (les fieurs le Jeune n'en ont jamais obtenu de lui), mais une copie de la lettre qu'il avoit écrite à leur fujet à M. le Maréchal de Richelieu, le premier Septembre 1773 ; & cette lettre porte expreffément, que la jonction des fieurs le Jeune à la maifon de Créqui n'eft pas prouvée , & que pour la prononcer il faudroit de nouveaux titres.

Le Marquis de Créqui ne s'en tint pas à cette lettre du fieur Cherin ; il alla chez ce Généalogifte, qu'il ne connoiffoit que par la réputation de probité dont il jouit univerfellement. Il lui demanda s'il avoit befoin des titres de la maifon de Créqui , pour prononcer fur cette queftion ; il offrit de communiquer tous les fiens , de faire demander ceux du feu Marquis de Créqui à fes deux filles , & de faire même rechercher les titres de toutes les branches de la maifon de Créqui, qui s'étoient perdues dans d'autres maifons , trop heureux s'il retrouvoit un parent de fon nom ! Le fieur Cherin répondit qu'on lui communiqueroit vainement toutes ces pieces , qu'il les connoiffoit toutes parfaitement , qu'il n'y trouveroit pas la jonction des fieurs le Jeune aux Créqui, & que c'étoit aux fieurs le Jeune à établir cette jonction par leurs titres.

Le Marquis de Créqui infifta encore , & demanda au fieur Cherin , s'il préfumoit du moins que les fieurs le Jeune fuffent en effet de fa maifon. Signez feulement qu'ils font Créqui , dit-il au fieur Cherin , & fur votre fignature je les reconnois pour tels , tant j'ai de confiance dans vos lumieres & dans votre probité.

Le fieur Cherin refufa de figner. Voilà des faits que j'ai

plaidé devant vous au mois de Mars dernier ; que j'ai plaidé depuis aux Requêtes du Palais , & qui n'ont pas été défavoués par mes Adverfaires, parce qu'ils en reconnoiffent la vérité. Comment fe peut-il donc qu'ils aient ofé , devant les premiers Juges, invoquer en leur faveur l'opinion du fieur Cherin , & qu'ils aient pu faire imprimer comme décifif pour eux, le Mémoire de ce Généalogifte ? C'eft ce que je vais vous expliquer.

Le fieur le Jeune l'aîné ayant formé le projet de monter dans les Carroffes du Roi en 1773 , porta fes titres au fieur Cherin , le pria de les examiner, & de faire un Mémoire fur fa généalogie. Vous favez que l'ufage ordinaire (qui éprouvoit cependant des exceptions) , étoit de ne monter dans les carroffes , que fur un certificat du fieur Cherin , qui atteftoit une nobleffe antérieure à l'an 1400.

Le fieur Cherin avoit le defir le plus vif d'obliger les fieurs le Jeune , & fe chargea en effet du travail qu'on lui propofoit : il compofa un Mémoire , qu'il divifa en deux parties. Dans la premiere , il examina la prétention des fieurs le Jeune , à la defcendance de la maifon de Créqui. Dans la feconde , il s'occupa de leur filiation , comme le Jeune.

Dans la premiere partie , le fieur Cherin commence d'abord par expofer avec le plus grand détail , tout ce qu'on peut dire en faveur des fieurs le Jeune , pour établir qu'ils font iffus de la maifon de Créqui ; & il rapporte en effet tout ce que les fieurs le Jeune ont dit depuis pour leur défenfe. Mais le fieur Cherin continue fon examen, & annonce qu'on peut combattre tout ce qu'il a dit , par des raifons qu'il expofe : il détruit en effet en deux pages tout ce qui précede. Il conclut enfuite en ces termes : » Il réfulte » de ces obfervations , qu'on ne doit prononcer affirmati- » vement fur la defcendance de MM. le Jeune de la maifon de » Créqui , qu'avec le fecours de nouveaux titres ». Il envoya , fuivant l'ufage , le réfultat de fon travail à M. le Maréchal de Richelieu , & lui marqua , comme vous l'avez vu par une lettre du premier Décembre 1773 , que la jonction des le Jeune à la maifon de Créqui n'étoit pas prouvée.

Ainfi le fieur Cherin , chargé par mes Adverfaires eux-mêmes , de juftifier leur defcendance de la maifon de Créqui , travaillant pour eux, à leur feule requifition , avec le defir de les obliger , à l'infu de la maifon de Créqui , fur l'ouvrage même du fieur d'Hofier , leur a dit dans fon Mémoire , avec beaucoup d'honnêteté , mais avec franchife cependant , qu'ils n'étoient pas Créqui. Car , dire à mes Adverfaires qu'ils ne prouvent pas leur filiation de la maifon de Créqui, c'eft leur dire bien pofitivement qu'ils ne defcendent pas de cette maifon.

Comment donc, encore une fois , peut-il fe faire que les fieurs le Jeune aient fait imprimer le Mémoire du fieur Cherin , comme une piece qui leur étoit favorable ? Ils ont penfé , fans doute, qu'on n'en liroit qu'une partie ; & ce qui me le fait croire , c'eft qu'en tête de l'Imprimé , ils ont placé, comme principes inconteftables , établis par le fieur Cherin , quelques lambeaux détachés de la partie du Mémoire où il plaide leur caufe , en fe gardant bien d'obferver que le fieur Cherin réfute enfuite toute cette partie , & conclut de fon travail , qu'il n'eft pas prouvé que *les le Jeune foient Créqui.*

Cette petite rufe n'a peut-être pas été inutile à mes Adverfaires : quoi qu'il en foit, le fieur Cherin les regardoit fi peu comme Créqui, que dans la feconde partie du Mémoire où il examine leur filiation comme le Jeune, il dit formellement qu'ils n'établiffent leur filiation, que depuis 1433, & qu'en conféquence il leur refufa le Certificat qu'il étoit d'ufage d'accorder à ceux dont la Nobleffe remonte jufqu'en 1400, & le fieur le Jeune ne monta en effet dans les caroffes que par une grace particuliere du feu Roi.

C'eft ainfi que le fieur Cherin, après avoir ménagé autant qu'il l'avoit pu la délicateffe & l'amour propre des fieurs le Jeune, leur déclara nettement à eux-mêmes, dans fon Mémoire, qu'ils ne prouvoient pas leur defcendance de la Maifon de Créqui : & lorfqu'il a été forcé depuis par des Ordres fupérieurs de communiquer fon opinion au Marquis de Créqui, il n'a pas pu lui cacher que les fieurs le Jeune ne prouvoient rien : le Marquis de Créqui mit en vain le fort des fieurs le Jeune dans la main du fieur Cherin, en vain il offrit de les reconnoître fur la fimple fignature de ce Généalogifte, à l'honêteté duquel il s'empreffe de rendre hommage, le fieur Cherin a conftamment refufé de figner ce qu'il ne penfoit pas.

J'ofe le demander actuellement, que pouvoit faire, que devoit faire le Marquis de Créqui ? Etoit-il libre de vous reconnoître pour Créqui, puifqu'il étoit convaincu que vous ne l'étiez pas ? Le pouvoit-il fans trahir fon devoir & fa confcience ? Il dut s'oppofer à une ufurpation auffi manifefte, il s'y oppofa : l'honneur lui en faifoit un devoir, il fit ce que nous aurions tous fait dans les mêmes circonftances ; mais avant de fe pourvoir, il conftitua Juge de fes démarches

M. Foulon, alors Intendant de la Guerre, le parent & le protecteur des sieurs le Jeune.

» Soyez juge, Monsieur, lui écrivit-il, du parti qu'il m'est „ permis de prendre, & qui ne peut être dicté que par la Loi „ invariable qui constate notre état à tous: si les preuves eus-„ sent été telles que je les aurois desirées, je vous assure „ qu'on m'auroit vu aller au-devant de ces MM. avec em-„ pressement & avec un plaisir qui auroit été encore aug-„ menté par l'intérêt que vous y prenez, &c. ».

Après ces démarches d'honnêteté, le Marquis de Créqui crut devoir présenter au Tribunal de MM. les Maréchaux de France une Requête tendante à ce qu'il fût enjoint aux sieurs le Jeune de se restreindre à leur véritable nom : cette Requête est du 20 Février 1774, & la date justifie peut être le choix du Tribunal, d'ailleurs incompétent : MM. les Maréchaux de France se regardèrent comme sans pouvoir pour décider la question, & ils n'ont rien prononcé.

Me voilà enfin parvenu au moment où l'affaire à été portée devant les Tribunaux ordinaires : jusqu'ici les sieurs le Jeune avoient toujours conservé leur nom de le Jeune, à la vérité ils avoient depuis quelques années ajouté à ce nom de famille le surnom de Créqui, mais enfin ils conservoient encore leur véritable nom, & le Mémoire même qu'ils présenterent en 1774, à MM. les Maréchaux de France, en réponse à celui du Marquis de Créqui, étoit signé *le Jeune* ; ce nom, qu'il ne leur sera jamais permis d'abdiquer, attestoit leur origine, & protestoit seul contre leur usurpation.

Telle étoit la position respective de la Maison de Créqui & des Sieurs le Jeune, lorsque le Marquis de Créqui partit au mois de Juin 1779 , pour se rendre à l'armée sous les ordres du Comte de Veaux : il étoit à St. Malo quand il apprit , deux mois après son départ , & par la voie de la Gazette de France , le mariage du sieur le Jeune l'aîné, qu'on qualifioit *de Comte de Créqui*, avec la demoifelle de Souci, fille de la Comtesse de Soûci, Sous-Gouvernante des Enfans de France,

Le Marquis de Créqui connoissoit beaucoup la Comtesse de Souci, il avoit toujours parfaitement bien vécu avec elle , & cependant la Comtesse de Souci choisit pour époux à sa fille un homme dont elle n'ignoroit pas que le Marquis de Créqui contestoit l'état , sans daigner le prévenir , ni lui demander le motif de ses difficultés : je n'ai rien à dire sur le procédé , vous ne devez pas le juger : mais le Marquis de Créqui ne pouvoit pas permettre que l'usurpation se fortifiât & par le tems & par des Actes de possession si publics. Il donna des ordres d'après lesquels les sieurs le Jeune furent assignés aux Requêtes du Palais. Il conclut contre eux à ce qu'il leur fût fait des défenses de prendre le nom & les armes de Créqui : la Comtesse de Souci, & les sieurs le Jeune avoient dû sans doute prévoir cette démarche, & leurs procédés n'étoient pas faits pour la suspendre.

A peine ces premiers ordres étoient donnés que le Marquis de Créqui reçut une copie de l'Acte de Baptême du sieur François le Jeune l'aîné, qui venoit de se marier, & de son Acte de célébration de mariage : il y vit que le sieur le Jeune , baptisé sous le nom seul de François Marin, fils de Messire François le Jeune , Seigneur de la Furjonniere, avoit absolument abdiqué son nom & son état pour se marier sous le nom feul de Comte de Créqui , fils du feu Marquis de Créqui ; & pour vous faire mieux féntir, Meffieurs, quelle dut être la furprife du Marquis de Créqui à la vue de ces deux pieces, permettez-moi de vous en donner lecture : voici d'abord l'Acte de Baptême.

« Le premier Juin 1731 a été baptifé par nous, Curé fouf-
» figné, *François-Louis-Marin, né d'hier, fils de Meffire Fran-*
» *çois le Jeune*, Chevalier, Seigneur de la Furjonniere & du
» Pleffis-Greffier ; & de Dame Marie Lancelot-Philiberte
» Richer de Neufville, fon époufe : ont été Parrain Meffire
» Marin-Gilles de la Berardiere, Chevalier, Seigneur de la
» Barbée , & Marraine Dame Louife-Renée Parage, veuve
» de Meffire Charles Richer de Neufville, lefquels ont figné
» avec nous, fouffigné, L. R. Parage Richer de Neufville.
» Marie-Gilles de la Berardiere. F. le Jeune de la Furjonniere.
» Gaignard, Curé. »

Voyons actuellement l'acte de mariage , vous jugerez enfuite s'il s'agit de la même perfonne dans les deux actes ».

« L'an 1779 , ce 24 Août , après un ban publié, &c. . . . .
» ont été mariés, après avoir pris leur confentement mutuel,
» & ont reçu la bénédiction nuptiale *de Meffire Euftache de*
» *Créqui, Abbé de Saint Maur, frere de l'époux,* TRÈS-HAUT
» ET TRÈS-PUISSANT SEIGNEUR MESSIRE FRANÇOIS-LOUIS-
» MARIN, COMTE DE CREQUI, MESTRE DE CAMP DE
» CAVALERIE, *Chevalier de l'Ordre Royal & Militaire de*
» *Saint Louis, fils majeur de défunt très-haut & très-puiffant*
» *Seigneur Meffire François de Créqui le Jeune, Marquis de*
» *Créqui, ancien Colonel & Commiffaire-Provincial d'Artille-*
» *rie, & de très-haute & très-puiffante Dame Madame Marie-*
» *Lancelotte-Philiberte Richer* de Neufville, Baronne des Baro-
„ nies

» nies de Saint-Germain , &c. . . . . . Et très-haute & très-
» puiffante Demoifelle Mademoifelle Adelaïde - Louife de
» Filte de Soucy , fille mineure de défunt très-haut & très-
» puiffant Seigneur Meffire Armand-François-Jofeph de Filte,
» Comte de Soucy , Lieutenant au Régiment des Gardes-
» Françoifes , Chevalier de l'Ordre Royal & Militaire de
» Saint Louis, & de très-haute & très-puiffante Dame Ma-
» dame Elifabeth le Noir , Sous-Gouvernante des Enfans de
» France , de fait & de droit de cette Paroiffe d'autre part,
» ont affifté, &c. . . . . . *Ainfi figné à la minute Créqui ,*
» *Adelaïde-Louife de Fitte de Soucy Créqui.* »

J'ofe le demander, reconnoîtra-t-on jamais dans l'acte de mariage de très-haut & très-puiffant Seigneur le Comte de Créqui, fils de très-haut & très-puiffant Seigneur le Marquis de Créqui, la perfonne de François-Louis-Marin le Jeune , fils de Meffire François le Jeune, Seigneur de la Furjonniere , baptifé le premier Juin 1731 ? Le fieur le Jeune, fils du fieur le Jeune, par fon extrait de baptême, qui jamais n'a été réformé, peut-il être, dans fon acte de mariage , le Comte de Créqui, fils du Marquis de Créqui ? Comment un Miniftre des autels a-t-il pu marier le fieur le Jeune fous un nom qui differe en tout de fon véritable nom , du nom qu'il reçut en naiffant ? Eft-ce donc ainfi qu'on fe joue des Ordonnances du Royaume , & cette infraction manifefte & fcandaleufe de nos Loix n'annonce-t-elle pas une intrigue ? Je ne vous dirai pas qu'en prenant, dans fon acte de mariage , un nom qui n'eft pas le fien, le fieur le Jeune s'eft auffi décoré de fauffes qualités : il fe dit Meftre-de-Camp de Cavalerie, & il ne l'eft pas, il fe dit fils d'un ancien Colonel, & fon pere n'a jamais fervi. Je paffe fous filence ces circonftances fâcheufes qui s'allient fi bien avec tout le refte ; mais ce que je ne dois pas taire, c'eft que le Miniftre de l'Eglife, au mépris encore de nos Ordonnances, a auffi marié le fieur le Jeune comme fils *de défunt le Marquis de Créqui, fon pere,* fans qu'on lui ait repréfenté d'acte mortuaire : mais le fieur le Jeune, pere, vit peut-être encore ; nous ferions du moins fondés à le croire, d'après le refus conftant que l'on a toujours fait de repréfenter l'acte de fa fépulture. Je vous interpelle de nouveau de le repréfenter cet acte ; & fi vous refufez de le faire, il en réfultera, ou que votre pere vit & défapprouve lui-même vos démarches, ou que, s'il eft mort, les qualités que vous lui avez vous-même données dans fon extrait mortuaire très récent, démentent la fable que vous venez hardiment préfenter à la Juftice. Si vous avez d'autres raifons pour cacher cet acte vous êtes intéreffé à les publier ; mais le myftere que vous en avez fait au moment de votre mariage, & votre refus conftant de le produire, me donnent le droit de tirer du moins les conféquences que j'ai développées.

Je reviens à l'acte de mariage du fieur le Jeune, que je vous prie de ne pas féparer un inftant de fon acte de baptême ; je vous prie encore de ne pas perdre de vue que, jufqu'à cet acte, le fieur le Jeune n'avoit pas encore abdiqué totalement fon nom de le Jeune, & depuis que nous plaidons, il n'a pas produit un feul acte antérieur à fon mariage dans lequel il eût contracté fous le feul nom de Créqui : l'acte de mariage étoit donc de fa part une confommation parfaite de l'ufurpation déja commencée ? Le Marquis de Créqui reçut cet acte à Saint-Malo, en même-tems que l'acte de baptême : en lui envoyant ces deux pieces, on lui marquoit que cette nouvelle entreprise du sieur le Jeune étoit un délit répréhensible suivant toutes les loix du Royaume dont on lui retraçoit les dispositions ; qu'il étoit convenable de rétracter l'assignation donnée aux Requêtes du Palais pour rendre une plainte ; on lui adressoit même la plainte toute rédigée : vous savez ce qui a suivi. Le Marquis de Créqui signa la plainte, elle fut présentée au Bailli de Versailles comme Juge du lieu du délit ; elle fut suivie d'une permission d'informer & d'une information.

Tel étoit l'état de la Procédure, lorsque le Marquis de Créqui revint à Paris au mois de Novembre 1779 : il avoit fait passer des Mémoires à consulter dans tous les Parlemens du Royaume, sur la question de savoir s'il y avoit lieu de prendre la voie criminelle contre une personne qui, dans un acte de mariage, abdiquoit le nom sous lequel elle étoit baptisée pour prendre un nom étranger. La réponse des Jurisconsultes les plus célebres fut unanime ; tous déciderent qu'il y avoit lieu à la plainte, & que c'étoit là un délit répréhensible.

Mais on fit depuis observer au Marquis de Créqui que, quoique le délit fût réel & la plainte fondée, cependant comme il avoit d'abord embrassé la voie civile, on lui opposeroit peut-être une fin de non-recevoir contre la voie criminelle ; qu'il convenoit de s'en désister sauf l'action au civil.

Le Marquis de Créqui, qui n'a jamais eu d'autre but que d'arrêter une usurpation, & à qui toutes les voies légitimes qui peuvent conduire à ce but sont indifférentes, s'est en effet désisté de sa plainte, il a repris en tant que de besoin sa premiere demande, & il en a même formé une nouvelle, conjointement avec le Comte de Créqui-Canaples, son cousin.

Ce défiftement du Marquis de Créqui ne fatisfit pas les fieurs le Jeune, qui avoient interjetté appel des plaintes & permiffions d'informer, ils prétendirent qu'en renvoyant les parties au civil, vous deviez déclarer la plainte injurieufe, vexatoire & calomnieufe. L'incident fut plaidé devant vous pendant plufieurs Audiences. Le Marquis de Créqui foutint qu'il n'y avoit dans fa plainte ni injures, ni vexation, ni calomnie, fi en effet fes Adverfaires avoient ufurpé un nom qui ne leur appartenoit pas : d'où il conclut qu'on ne pouvoit ftatuer fur la demande des fieurs le Jeune qu'en jugeant le fonds, c'eft-là ce qui a été décidé par l'Arrêt du 17 Mars dernier, qui a renvoyé aux Requêtes du Palais cette demande, pour y être fait droit, conjointement avec celles du Marquis de Créqui & du Comte de Créqui-Canaples.

La caufe a été plaidée dans ce Tribunal, & par Sentence du 20 Juillet dernier, mes Adverfaires ont été maintenus, *malgré leurs Extraits baptiflaires, malgré les Extraits baptiftaires de tous leurs ayeux, fans en excepter un feul,* dans la poffeffion du nom & armes de Créqui ; la plainte de la maifon de Créqui a été déclarée injurieufe & calomnieufe, & pour le triomphe complet du fieur le Jeune l'aîné, qui devenoit Créqui, il ne lui a manqué que de devenir en même tems Meftre-de-Camp de Cavalerie & fils d'un ancien Colonel.

Le Marquis de Créqui & le Comte de Créqui-Canaples font appellans de ce Jugement.

J'en difcuterai en détail dans la fuite chaque difpofition, & je vous ferai fentir la frivolité de tous les motifs fur lefquels la Sentence peut être fondée.

J'ai déja eu l'honneur de l'obferver, en effet, il faudroit

des titres inconnus aux ayeux des fieurs le Jeune, des titres bien décififs, bien accablans & bien extraordinaires pour renverfer une poffeffion de quatre fiecles, & pour balancer dix mille Actes peut-être fur lefquels cette poffeffion eft fondée; car enfin, Meffieurs, qu'y aura-t-il déformais de facré; quels droits, quelles propriétés, quelles prérogatives feront refpectés, fi une poffeffion de cette nature peut être impunément violée ? Mes Adverfaires n'ont cependant aucun titre nouveau; leurs peres ont vainement parcouru, pendant 300 ans, tous ceux qu'on produit aujourd'hui, fans y avoir lu jamais qu'ils étoient Créqui : on eft toujours réduit aux anciennes Enquêtes relatives à la nobleffe, au nom de le Jeune, au créquier qu'on porte dans les armes, & à la poffeffion prétendue d'une terre qui avoit, dit-on, appartenu à la maifon de Créqui.

Il faut donc enfin les difcuter, tous ces titres, & vous démontrer que loin qu'on y trouve la preuve que les le Jeune defcendent de la maifon de Créqui, il n'en réfulte feulement pas la préfomption la plus légere de cette defcendance, & qu'au contraire tout dans ces titres eft exclufif d'une pareille filiation.

Mais au moment où je vais me livrer à cette difcuffion, lorfque je me prépare à établir que les le Jeune n'ont rien de-commun avec la maifon de Créqui, ne dois-je pas prévenir l'effet des infinuations fecrettes de quelques partifans de mes Adverfaires, & ne fuis-je pas moi-même forcé de prouver que la maifon de Créqui exifte encore dans la perfonne de ceux que je défends.

Telle eft la fingularité de cette caufe : dans le même tems où les fieurs le Jeune fe préfentent ouvertement, armés d'une

IV.
Le Marquis de Créqui & le Comte de Créqui-Canaples font iffus par mâles de la maifon de Créqui.

reconnoiſſance du feu Marquis de Créqui, oncle du Marquis actuel, ils font répandre ſourdement des doutes ſur l'exiſtence de la maiſon de Créqui. On inſinue dans l'ombre & dans le ſecret que cette maiſon eſt éteinte, dans l'eſpoir ſans doute que vous vous relâcherez par cette conſidération, de la ſévérité des regles ι & peu importe aux ſieurs le Jeune l'opinion publique, pourvu qu'ils raviſſent un Nom qui les flatte.

Pour accréditer ces inſinuations ténébreuſes, on a fait lire publiquement aux Requêtes du Palais, une note manuſcrite, miſe par Charles d'Hoſier dans le cours du ſiecle dernier, en marge de la généalogie de la maiſon de Créqui, compoſée par Pierre d'Hoſier, en 1620. Suivant cette note, les degrés de cette généalogie, depuis Baudouin de Créqui, troiſieme du nom, qui vivoit avant 1200, juſqu'à Jean de Créqui, troiſieme du nom, quinzieme ayeul du Marquis de Créqui, qui vivoit en 1340, *ne ſont pas ſûrs*. Ce ſont les termes de la note ; & de-là mes Adverſaires tirent deux conſéquences, l'une publiquement, que le Marquis de Créqui & le Comte de Créqui Canaples, ne prouvent pas poſitivement leur jonction à la maiſon de Créqui. L'autre dans le ſecret, & par la bouche de leurs partiſans, que ceux que je défens ne ſont pas Créqui. Vous allez juger de la bonne-foi de mes Adverſaires, dans l'une & dans l'autre de ces conſéquences.

Et d'abord, Meſſieurs, il ſeroit bien étrange, qu'une ſimple note, moderne, informe, ſecrette, & ſans authenticité, ſur quelques perſonnes qui exiſtoient 500 ans auparavant, pût donner quelque atteinte à l'état d'une Maiſon. D'ailleurs, ſuppoſons pour un inſtant la note exacte : que porte-t-elle ? On n'y dit pas que les Créqui , défignés dans la Généalogie , depuis Baudouin jufqu'à Jean , n'ont pas exifté ; on dit feulement que l'ordre de leur filiation n'eft pas bien fûr ; ce qui n'empêche certainement pas qu'ils n'aient eu pendant leur vie, le nom & l'état de Créqui , & qu'ils ne l'aient tranfmis à leurs defcendans , à qui , fans doute , on ne le conteftera point , après cinq fiecles & quinze générations.

Mais la maifon de Créqui n'en eft pas réduite à ces feules confidérations, qui feroient cependant fuffifantes : la certitude des degrés dont il eft queftion dans la note , eft démontrée par une foule de titres : je ne parlerai que d'un feul ; il les renferme tous.

Au Commencement de ce fiecle , la Marquife de Sailli , née Créqui , coufine du Marquis de Créqui , & fœur du Comte de Créqui-Canaples , pere de celui qué je défends , voulut exercer le retrait de la terre de Douriers , ancien propre de la maifon de Créqui , vendu par la Ducheffe de la Trimouille , qui defcendoit de cette maifon.

L'acquéreur contefta le retrait , & foutint que la Marquife de Sailli ne prouvoit pas fa filiation de la maifon de Créqui , & par conféquent fa parenté avec la Ducheffe de la Trimouille.

La Marquife de Sailli fut donc obligée d'établir cette parenté , & il fallut pour cela remonter à l'auteur commun d'elle & de la Ducheffe de la Trimouille.

Cet auteur commun étoit précifément le même Baudouin qui vivoit avant 1200 , & dont il eft queftion dans la note de Charles d'Hofier.

La Marquiſe de Sailli , établit donc ſa deſcendance par mâles, juſqu'à ce Baudouin, & l'établit ſur des pieces authentiques. Chaque article de filiation fut conſtaté par trois titres produits & ſignifiés au procès. Tous les degrés dont Charles d'Hoſier avoit dit dans ſa note , qu'ils n'étoient pas bien ſûrs , y ſont juſtifiés comme les autres par trois pieces authentiques, produites & ſignifiées. La Marquiſe de Sailli eſſuya la diſcuſſion la plus rigoureuſe de ſes titres , de la part de l'acquéreur de la terre de Dourier. Enfin , après dix ans de conteſtation, l'affaire fut jugée , le retrait confirmé , & l'Adverſaire de la Marquiſe de Sailli, *condamné en des dommages & intéréts & à l'aumône.* Je rapporte la généalogie produite par la Marquiſe de Sailli avec l'Arrêt : il y a à la Bibliotheque du Roi , un exemplaire de cette généalogie , au bas duquel eſt la note du jugement : cet exemplaire ſe trouve dans le même carton , & immédiatement au-deſſous de la note de Charles d'Hoſier. Le ſieur le Jeune a viſité le carton , & a vu cet exemplaire , j'en ſuis certain , & la lecture qu'il en a priſe , auroit dû , ſans doute, l'empêcher de faire lire à l'audience la note de Charles d'Hoſier , abſolument indifférente dans la cauſe , & dont il ſavoit bien que la fauſſeté étoit démontrée.

Au ſurplus, la généalogie de la maiſon de Créqui , dreſſée ſur des pieces qui repoſent à la Bibliotheque du Roi , eſt entre les mains de tout le monde. Elle eſt imprimée au ſixiéme tome de l'Hiſtoire Généalogique des Grands Officiers de la Couronne, depuis la page 777 juſqu'à la page 806. Il n'eſt perſonne qui ne puiſſe y recourir , & ſe convaincre que le Marquis de Créqui , & le Comte de Créqui-Canaples , *deſcendent par mâles* de la maiſon de Créqui : ils

ſont

font Créqui, & non pas Blanchefort; comme les partifans des fieurs le Jeune voudroient encore le faire entendre. Ce n'eft pas, Meffieurs, que leurs droits fuffent moindres quand ils feroient Blanchefort. On fait qu'en 1572, le Cardinal de Créqui affura tous fes biens à Antoine de Blanchefort, fon neveu, fils de Marie de Créqui, fa fœur, à la charge par lui de prendre le nom & les armes de Créqui. Ce changement de nom fut autorifé par des Lettres - Patentes, enregiftrées, & ne fut pas contefté par les puînés de la maifon : ainfi les Blanchefort auroient aujourd'hui le même droit au nom & à l'état de Créqui, que les Créqui eux-mêmes ; & quand le Marquis de Créqui, & le Comte de Créqui-Canaples feroient Blanchefort, leurs démarches n'en feroient pas moins légitimes. Mais enfin, ils ne font pas Blanchefort ; la maifon des Blanchefort eft éteinte, & il ne refte que des Créqui.

Que fi je fuis entré dans ces détails, ce n'eft pas à mes Adverfaires que j'ai prétendu donner cette juftification ; je ne leur en dois aucune, & ils n'ont pas le droit d'en demander.

Les peres du Marquis de Créqui, & du Comte de Créqui-Canaples, étoient Créqui ; leurs ayeux étoient Créqui, ils portoient ce nom à l'époque où vivoit le premier auteur connu des fieurs le Jeune, & ils le portoient alors depuis fix fiecles. C'eft fous ce nom, qu'après avoir prodigué leur fang & leur fortune pour la défenfe de l'État, ils venoient remplir auprès du Souverain les poftes les plus éminens, & perpétuer l'éclat d'une maifon illuftre, par leurs alliances avec les premieres maifons de l'Europe. Enfin une longue chaîne d'honneurs & de fervices, lie le Marquis de Créqui & le Comte de Créqui-Canaples, avec les Grands Hommes qui ont honoré le nom de Créqui depuis dix fiecles ; & pour élever fur ce point des nuages, il falloit toute l'audace que fuppofe l'acte de Mariage de mes Adverfaires. Mais encore une fois, ce n'eft pas à eux que je viens de donner les détails que vous venez d'entendre ; c'eft à vous feuls, Meffieurs, que le Marquis de Créqui a cru les devoir ; il falloit vous prémunir contre des infinuations fecrettes, les feules que nous puiffions redouter, parce qu'elles ne nous feront pas toujours connues.

V.
Intérêt de la Maifon de Créqui.

Enfin, me voici parvenu au moment où je peux difcuter les prétendus titres de mes Adverfaires ; mais ne dois-je pas craindre cependant qu'on ne me demande encore quel eft ici l'intérêt de la maifon de Créqui ; pourquoi n'a-t-elle pas ouvert fon fein aux quatorze Freres qui fe font préfentés, & par quel motif cherche-t-elle à les repouffer dans la Claffe dont ils veulent fortir ?

Quel intérêt peut avoir la Maifon de Créqui ? Ah ! Je ne crains pas que la demande me foit faite par les Magif-trats à qui font confiés l'exécution de nos Loix & le main-tien de l'ordre public : ils favent trop bien que dans un Gou-vernement, dont la nature feroit corrompue, fi les diftinc-tions de la naiffance étoient anéanties, l'état de chaque Ci-toyen forme, pour ainfi dire, une portion de lui-même, & qu'un nom illuftre eft la plus belle & la plus précieufe des propriétés.

Renfermé dans la condition que la Providence lui a départi, chacun peut fe maintenir ou s'élever par fes talens,

& par fes vertus ; mais on ne peut fans crime envahir un état étranger, comme on ne peut communiquer fon propre état fans trahir lâchement fes droits & les droits de la fociété entiere. L'éclat qui environne une grande Maifon ne doit être que la récompenfe des grandes actions : tout eft confondu s'il peut devenir en un inftant l'appanage de l'intrigue, parce qu'il paroîtra toujours moins pénible d'ufurper un nom que d'illuftrer le fien. Alors les honneurs ne feront plus le prix de longs fervices, les travaux des peres feront perdus pour les enfans ; il fuffira d'être un audacieux pour s'affeoir à côté des premieres perfonnes de l'Etat, & il n'y aura que la modeftie & la vertu qui feront deftinées à languir dans l'obfcurité.

Voilà ce que je répondrai à ceux qui pourront demander quel eft dans cette Caufe l'intérêt de la Maifon de Créqui.

Devoit-elle admettre fans examen quatorze freres qui s'en difoient iffus ? Falloit-il, en les adoptant, fe mettre auffi dans la néceffité d'adopter encore des parens inconnus, qui gardent aujourd'hui le filence, qu'ils ne romproient que trop dans la fuite ? Pouvoit-on former aveuglément, avec ces Néophites, cette affociation d'intérêts & d'honneurs qui lie enfemble tous les membres d'une Maifon & rend commune à tous la honte ou la gloire d'un feul ?

Hé ! pourquoi permettroit-on que les fieurs le Jeune devinfent les héritiers du nom & de la gloire des Créqui s'ils ne le font pas en effet ? Pourquoi, en les affociant gratuitement aux rangs & aux honneurs deftinés aux grands noms, les éleveroit-on au-deffus de tous leurs égaux ? Seroit-ce pour les récompenfer d'avoir créé & d'avoir publié hardiment une fable ? Seroit-ce pour affoiblir le refpect dû aux grandes Maifons, & pour diminuer leurs prérogatives, en y introduifant des perfonnes que la notoriété publique en exclud ? Seroit-ce pour apprendre avec éclat à la Nation étonnée que, pour s'élever promptement, il faudra déformais déferter la route antique & lente de la vertu, & fe jetter dans la carriere de l'intrigue ? Seroit-ce enfin pour attefter à tout l'univers qu'il n'y a plus rien de facré parmi nous, puifqu'on y foule aux pieds une poffeffion de quatre fiecles ?

Telles feroient cependant les conféquences funeftes de l'admiffion des fieurs le Jeune dans la Maifon de Créqui; tel eft l'intérêt qui anime cette Maifon. En fût-il jamais de plus puiffant ? Et ne dois-je pas me livrer actuellement avec confiance à la difcuffion des prétendus titres de mes Adverfaires?

VI.
Difcuffion des Moyens du fieur le Jeune.

Ils font Créqui, difent-ils, parce qu'ils s'appellent le Jeune, parce qu'ils prétendent avoir poffédé la terre d'Ambricourt, qui, fi nous voulons les croire, avoit auparavant appartenu à la Maifon de Créqui ; parce qu'ils ont un créquier dans leurs armes, & enfin par la vertu des atteftations & enquêtes données & faites en 1478 & 1485 au fujet de leur nobleffe.

Je vais les apprécier tous ces motifs. Vous prévoyez fans doute que cette difcuffion me jettera dans des détails arides & faftidieux ; mais fi je n'ai pas l'art d'y répandre de l'agrément, j'aurai du moins le mérite de la fidélité & de l'exactitude la plus rigoureufe : commençons par examiner les inductions qu'on voudroit tirer du nom de le Jeune.

VII.
Les Srs le Jeune ne peuvent tirer aucune conféquence favorable de leur nom de le Jeune.

Mes Adverfaires ont fenti combien il étoit étrange de fe prétendre Créqui quand on ne s'eft jamais appellé que le

Jeune ; & pour fauver , s'il étoit poffible , le ridicule de cette prétention , ils ont imaginé que le nom de le Jeune n'étoit qu'un furnom qui fuppofoit le nom de Créqui : voici comment le fieur d'Hofier s'eft exprimé dans leur généalogie , ce qu'ils ont toujours répété depuis , & ce qu'ils ont plaidé avec beaucoup d'étendue aux Requêtes du Palais.

» Le nom de le Jeune a pu fe tranfmettre dans cette branche ,, comme il en eft des furnoms & fobriquets de tant d'autres ,, branches des plus grandes Maifons, & cela d'autant plus ,, naturellement, qu'une branche cadette ne pouvoit mieux ,, fe diftinguer des aînées que par un furnom dont les Sires de ,, Créqui fe fervoient habituellement pour diftinguer leurs ,, cadets des aînés. ,,

C'eft ainfi , Meffieurs, qu'à l'aide d'une large & bénigne interprétation on fait fe ménager une iffue dans chaque Maifon pour y faire entrer tous les le Jeune, les le Vieux, les le Gros, les le Rond, les le Roux de l'univers, car il n'eft aucune Maifon ancienne dont quelques membres n'aient été diftingués par un de ces furnoms.

Le furnom de le Jeune en particulier a dû être le plus commun , parce qu'il n'eft pas rare de voir dans la même Maifon deux freres dont l'un eft le plus âgé & l'autre *le Jeune* : ce furnom de le Jeune a été donné aux cadets dans toutes les grandes Maifons comme dans celle de Créqui, & s'il exiftoit fur ce point quelqu'incrédule, ce que je ne penfe pas, il peut ouvrir l'hiftoire généalogique des grands Officiers de la Couronne, & il verra par-tout les cadets diftingués des aînés par le furnom de le Jeune.

Il eft donc abfurde de fe prétendre Créqui, parce qu'on s'appelle le Jeune, à moins que ce nom n'ait une vertu particuliere qui donne le pouvoir de fe placer arbitrairement dans une Maifon : avantage qui ne feroit pas reftreint à peu de perfonnes, nous avons en effet en France bien des le Jeune ; il n'eft aucune Province, je pourrois dire aucune Ville confidérable, dans laquelle on ne trouve quelques familles de ce nom.

Nous connoiffons les le Jeune de Pontoife ennoblis en 1368, les le Jeune de Lens ennoblis vers 1415, les le Jeune qui exiftoient en Touraine avant que mes Adverfaires vinfent s'y établir, les le Jeune de Flandre ; mais pour nous borner à l'Artois, berceau des fieurs de la Furjonniere, dans le tems où vivoit Taffart le Jeune, leur premier auteur connu, il exiftoit dans cette Province une foule de le Jeune. Il y avoit les le Jeune, connus depuis fous le nom de Contai, qui illuftroient leur famille alors récente ; un Jean le Jeune, Maire d'Arras ; un Taffart le Jeune, Procureur-Général d'Artois, dont je parlerai bientôt ; un Bertrand le Jeune, Bourgeois d'Arras ; un Jacotin le Jeune, Clerc de l'Hôtel-de-Ville ; un Jacquemin le Jeune, Procureur ; un Pierre le Jeune, Charpentier, & une foule d'autres le Jeune enfin qu'il eft inutile de rappeller. Par quelle fatalité refufez-vous de defcendre de quelqu'un de ces le Jeune, vos compatriotes, & dont votre nom vous rapproche, pour vous attacher à la Maifon de Créqui dont votre nom vous exclut ?

Perfonne n'ignore que depuis le dixieme fiecle, nous avons diftingué en France les familles par des noms particuliers, & à l'époque où vivoit Taffart le Jeune, premier Auteur connu de mes Adverfaires, il y avoit déja cinq fiecles que les enfans portoient parmi nous le nom de leurs peres.

L'Hiſtoire, il eſt vrai, nous offre quelques exemples de perſonnes qui ont quitté le nom de leur maiſon pour prendre celui ou d'une terre, ou de leurs femmes, ou de leurs Bienfaiteurs. Les Blanchefort, par exemple, ont pris le nom de Créqui, parce que le Cardinal de Créqui leur donna tout ſon bien à cette condition : les Delur ont pris le nom de Saluces, auxquels ils s'allioient ; un Créqui a pris celui d'Heilli dont il épouſoit l'héritiere ; mais ces exemples ſont connus, ces changemens étoient autoriſés, il en reſte des traces, la mémoire de la deſcendance primitive ne s'eſt pas effacée, & je ne crois pas que l'Hiſtoire ou la tradition nous aient jamais tranſmis l'exemple d'un homme de grande maiſon qui ait changé ſon nom pour celui de le Jeune.

Auſſi, Meſſieurs, cette vaine prétention des ſieurs le Jeune les a-t-elle perpétuellement jettés de ſuppoſitions en ſuppoſitions, ſuite commune & néceſſaire d'une fauſſe démarche. Ils n'ont trouvé dans la généalogie de la maiſon de Créqui, aucun cadet du ſurnom de le Jeune, auquel ils n'aient cherché à s'attacher.

D'abord le ſieur d'Hozier a voulu faire deſcendre Taſſart le Jeune, premier auteur connu de mes Adverſaires, d'un Jean de Créqui, dit le Jeune, qui fut tué à la bataille d'Azincourt, en 1415 : il s'eſt même permis de citer des autorités ſur ce point, & de s'exprimer en ces termes : « Quelques-uns ont penſé que Taſſart le Jeune étoit » fils de Jean de Créqui, dit le Jeune, tué à la bataille » d'Azincourt. »

Quelques-uns ont penſé. Vous avez donc la hardieſſe de dire & d'imprimer que quelques-uns ont penſé que Taſſart le Jeune étoit fils de Jean de Créqui, dit le Jeune, tué à la bataille d'Azincourt; mais où font-ils donc ces quelques-uns qui l'ont penfé ? Où l'ont-ils dit ? A qui ? En quel tems ? En quel lieu ? Je vous interpelle ici de vous expliquer & de nommer *ces quelques-un*, dont parle le fieur d'Hofier : que fi, malgré mes interpellations, vous gardez encore le filence comme vous l'avez gardé jufqu'à ce moment, votre Généalogifte demeure convaincu d'être l'auteur de cette fauffe fuppofition, & s'il s'eft permis de la créer, jugez vous-même du degré de confiance que peut mériter fon ouvrage.

Quoi qu'il en foit, les fieurs le Jeune ont été forcés d'abandonner cette premiere conjecture : ils reconnoiffent aujourd'hui que ce Jean de Créqui, dit le Jeune, tué à la bataille d'Azincourt en 1415, n'a pas pu être le pere de Taffart le Jeune, mais ils ne fe font pas défiftés néanmoins de leurs prétentions : ils ont trouvé un Baudouin de Créqui, dit le Jeune, qui vivoit avant 1200, & c'eft de ce Baudouin de Créqui qu'ils ont enfuite voulu defcendre. On conviendra que c'eft retrouver fon nom bien loin que de le retrouver dans le douzieme fiecle. Pour donner à cette fable une lueur de vraifemblance, ils ont prétendu qu'un petit écuffon de deux fafces de fable, qui fe trouve dans leurs armes, leur venoit de l'alliance de ce Baudouin de Créqui avec une St. Omer : malheureufement les armes de la maifon de St. Omer n'étoient pas deux fafces de fable, mais une fafce d'or, & nous avons en France une foule de maifons qui portent dans leurs armes précifément les deux fafces de fable de mes Adverfaires : plus malheureufement encore Baudouin d'Avefnes, Prince de Hainaut, coufin-germain des Créqui, auteur contemporain, nous a donné la defcendance de ce Baudouin de Créqui, fon coufin, & il n'y a pas de place pour les auteurs

des

des sieurs le Jeune? Il a donc fallu abandonner encore cette seconde conjecture.

Enfin, dans la derniere réplique de mes Adverfaires, aux Requêtes du Palais, & à la veille du Jugement, on a annoncé avec beaucoup d'éclat une nouvelle filiation. On a foutenu qu'on defcendoit d'un Guillaume de Créqui, Seigneur de Torchi, fils de Baudouin, parce que, dans une note informe, manufcrite & très-moderne, qui s'eft trouvée, dit-on, dans le cabinet de M. de Gagneres, mais qui n'eft pas de fon écriture, ce Guillaume de Créqui eft appellé Guillaume le jeune, pour le diftinguer d'un frere aîné qu'on lui fuppofe, & qui s'appelloit auffi Guillaume.

Cette note porte que Baudouin de Créqui a eu de Clémence de Croi fa femme, trois enfans; Philippe, Guillaume, & Guillaume le jeune, Seigneur de Torchi, mais malheureufement encore la fauffeté de cette note dans toutes fes parties eft démontrée par une autorité à laquelle mes Adverfaires n'ont pas trouvé de réplique.

1.° Baudouin de Créqui n'a eu de Clémence de Croi qu'un fils, nommé Baudouin, & non pas trois fils, comme le dit la note. 2.° Ce Baudouin, fils de Baudouin de Créqui & de Clémence de Croi, n'a eu lui-même que deux enfans; Philippe & Baudouin, qui fut Seigneur de Torchi. 3.° Enfin, ce Baudouin, Seigneur de Torchi, eut trois enfans, dont l'aîné, Seigneur de Torchi, après lui, s'appella Guillaume, mais ne fut jamais furnommé le jeune, & n'eut même pas d'autre frere de fon nom.

Il n'y a donc pas un mot dans la note qui ne foit une erreur, & cette erreur eft pleinement démontrée, comme on l'a déja dit, par une autorité fans réplique ; par celle de

Baudouin d'Avefnes, coufin des Créqui à un triple titre, &
qui écrivoit en 1720, l'état de cette maifon, tel qu'il étoit
fous fes yeux.

Je me fuis contenté, aux Requêtes du Palais, pour écarter
cette note informe, de la faire imprimer avec le paffage de
Baudouin d'Avefnes ; & l'induction qu'on avoit voulu en tirer
a été tellement anéantie, que le Subftitut de M. le Procureur-
Général, qui portoit la parole, & dont le fuffrage n'eft affu-
rément pas fufpect à mes Adverfaires, n'en a pas même parlé
dans fa plaidoirie.

Voilà donc la troifieme conjecture fondée fur la defcendance prétendue d'un Créqui furnommé le Jeune, que mes
Adverfaires font forcés d'abandonner : cela eft d'autant plus
fâcheux pour eux, que jufqu'à l'époque où vivoit Taffart
le Jeune, leur premier auteur connu, la Généalogie de la
maifon de Créqui ne nous préfente pas un feul autre Créqui
qu'on ait furnommé le Jeune, & auquel mes Adverfaires
puiffent s'attacher, & comme leur defcendance prétendue
d'un cadet, furnommé le Jeune, eft le fondement de tout
leur fyftême, il en réfulte que leur fyftême ne peut plus fe
foutenir, ni même fe préfenter : auffi prennent-ils actuellement le parti plus commode de prétendre que, quoiqu'ils
n'aient jamais été que le Jeune, & malgré le défaut abfolu de
jonction à la maifon de Créqui, il faut cependant les reconnoître pour Créqui, c'eft-à-dire, qu'on doit les déclarer tels,
quoiqu'il foit bien évident qu'ils ne le font pas.

Je crois, Meffieurs, en avoir affez dit, & peut-être trop
fur les inductions que mes Adverfaires veulent tirer de leur
nom de le Jeune. Un mot eût fuffi pour les confondre. Ce
nom ne leur donneroit pas plus de droit au nom de Cré-

qui qu'au nom de tous les grands Seigneurs du Royaume, & même de la Maison régnante ; car tout le monde fait qu'un de nos Rois a été diftingué de fon pere par le furnom de le Jeune ; il faut donc écarter ce premier moyen des fieurs le Jeune : il eft évident qu'il ne réfulte pas de leur nom la plus légere préfomption qu'ils foient Créqui, & qu'au contraire il en réfulte la preuve qu'ils ne le font pas.

Mais les fieurs le Jeune ont, difent-ils, poffédé la terre d'Ambricourt, qu'ils affurent être un ancien patrimoine de la maifon de Créqui, & cette circonftance forme leur feconde preuve de leur defcendance prétendue de cette maifon, car, s'ils ont poffédé, comme ils le difent, la terre d'Ambricourt après la maifon de Créqui, ce n'a pu être qu'en qualité d'héritiers d'une branche de cette maifon. Ce moyen a été préfenté comme décifif aux Requêtes du Palais, la difcuffion n'en fera cependant pas longue : établiffons les faits, nous raifonnerons enfuite.

D'abord il n'eft pas prouvé que la maifon de Créqui ait jamais poffédé la terre d'Ambricourt ; Pierre d'Hofier, qui a fait une Généalogie de cette maifon en 1620, qualifie, il eft vrai, un Enguerrand de Créqui, mort vers l'an 1400, de Seigneur d'Ambricourt ; mais les Auteurs de l'Hiftoire des Grands Officiers de la Couronne qui ont travaillé depuis, qui ont fait un ouvrage plus étendu & plus exact que celui de Pierre d'Hofier, parce qu'ils avoient vu plus de titres, ont fupprimé cette qualité de Seigneur d'Ambricourt, donnée à Enguerrand de Créqui, vraifemblablement parce qu'elle n'étoit pas prouvée ; je ne connois aucun Acte, aucun titre qui la lui ait conférée, & il ne refte pas la moindre trace de l'exiftence de la Seigneurie d'Ambricourt dans la maifon de Créqui : la qualification de Seigneur d'Ambricourt, donnée en 1620 à Enguerrand de Créqui , par le fieur d'Hofier , paroît donc avoir été légérement hafardée ; elle formera, fi vous voulez, une préfomption qu'Enguerrand de Créqui a poffédé en effet la terre d'Ambricourt : je veux bien vous l'accorder; ainfi il fera à préfumer que la maifon de Créqui a poffédé la Seigneurie d'Ambricourt vers 1400.

Mais les fieurs le Jeune ont-ils poffédé depuis cette terre ? Mes Adverfaires, pour établir cette poffeffion prétendue , m'ont communiqué, aux Requêtes du Palais , l'extrait d'une Déclaration fournie en 1473 par Jeanne de Tramecourt , veuve d'un *Jacques le Jofne* , qu'ils affurent avoir été le frere de Taffart le Jeune, leur premier auteur connu : or , dans cette Déclaration , la veuve de Jacques le Jofne qualifie fon mari de *Seigneur d'Ambricourt en partie* , d'où l'on conclut que la terre d'Ambricourt a appartenu aux fieurs le Jeune; mais en lifant l'Aête même , cette conféquence s'évanouit promptement ; la veuve de Jacques le Jofne déclare au nom de fon fils mineur, un fimple *fief & noble tenement , féant à Ambricourt*, confiftant en quelques mefures de terre , & relevant de la Seigneurie d'Erin; ce n'étoit donc pas la Seigneurie d'Ambricourt que poffédoit Jacques le Jofne , quel qu'il fût, mais un fimple fief fitué à Ambricourt; ce qui eft bien différent.

Mais , dit-on , il pouvoit pofféder à Ambricourt un Fief particulier, & pofféder néanmoins encore la Terre d'Ambricourt : fans doute , il n'y avoit pas à cela d'impoffibilité ; mais tout ce qui eft poffible n'eft pas toujours vrai ,

& dans l'efpece il n'y a rien de prouvé : je vais plus loin : il eft démontré que Jacques le Jofne & fon fils n'ont pas poffédé la Terre d'Ambricourt.

Je me fuis procuré depuis le Jugement de la caufe, une copie entiere de la déclaration, dont on ne préfentoit qu'un extrait, & j'ai vu que cette déclaration étoit tirée d'un Regiftre contenant *les déclarations de tous les fiefs & arriere-fiefs du Comté de St. Pol*, fournies à cette époque aux Officiers du Duc de Bourgogne & de fon Commandement exprès ; toutes les poffeffions de Jacques le Jofne & de fon fils y font détaillées ; on y fait l'énumération de tout ce dont ils jouiffoient, foit dans la Seigneurie d'Erin, de laquelle relevoit le Fief dont j'ai parlé, foit dans d'autres Seigneuries ; & il n'y eft pas dit un mot de la terre d'Ambricourt ; encore uné fois, il n'y eft parlé que d'un fimple fief & noble tenement féant à Ambricourt.

Il eft donc démontré que Jacques le Jofne, que je veux bien croire de votre famille, n'a jamais été Seigneur d'Ambricourt ; fuppofons cependant, fi vous voulez, malgré la preuve contraire, que la qualité de Seigneur d'Ambricourt donnée à Jacques le Jofne par fa veuve, forme une préfomption qu'il a effectivement poffédé la Seigneurie d'Ambricourt, que pourréz-vous en conclure ? Il fera à préfumer que la Maifon de Créqui a poffédé la Terre d'Ambricourt : il fera à préfumer que la famille le Jeune a poffédé la Terre d'Ambricourt : eh bien ! où pourront vous conduire toutes ces préfomptions ? En réfulte-t-il qu'il eft certain que vous avez fuccédé aux Créqui, & que vous defcendez de cette Maifon ?

Mais je vais plus loin, je fuppofe vos faits prouvés, & je convertis vos deux préfomptions en certitude, il fera démontré qu'Enguerrand de Créqui a été Seigneur d'Ambricourt en 1400, & qu'un le Jeune a été Seigneur d'Ambricourt en 1473, je vous l'accorde; voyons ce qui en réfultera.

La poffeffion ancienne des mêmes Biens peut former en général, fi l'on veut, une préfomption légere de parenté, parce qu'on peut fuppofer que ces Biens font échus par fucceffion : mais elle n'a jamais formé une préfomption de defcendance par mâles, parce qu'il n'eft pas néceffaire de defcendre par mâles pour fuccéder : d'ailleurs, cette préfomption de parenté s'évanouit elle-même toutes les fois qu'il eft démontré impoffible qu'on ait recueilli les Biens à titre fucceffif. Car dans cette matiere, comme dans toutes les autres, les conjectures doivent céder aux preuves : or, dans l'efpece il feroit abfolument impoffible que les le Jeune euffent eu la Terre d'Ambricourt par fucceffion.

Enguerrand de Créqui, qu'on dit avoir été Seigneur d'Ambricourt, & qui mourut vers 1400, ne laiffa pas d'enfans après lui, j'en conviens ; mais il laiffa un frere Jean, Sire de Créqui, troifieme du nom, qui étoit évidemment fon héritier : la defcendance de ce Jean de Créqui, frere & héritier d'Enguerrand, s'eft perpétuée jufqu'à nous ; c'eft de lui-même que defcendent le Marquis de Créqui & le Comte de Créqui que je défends : il eft donc impoffible de toute impoffibilité que les le Jeune aient pu fuccéder médiatement ou immédiatement à Enguerrand de Créqui, & par conféquent ils ne prouveroient abfolument rien en leur faveur, quand bien même ils démontreroient qu'Enguerrand de Créqui a été Seigneur d'Ambricourt en 1400, & qu'un Jacques le Jeune a poffédé depuis cette Seigneurie.

Auffi, Meffieurs, le fieur d'Hofier, qui connoiffoit la déclaration fournie en 1473 par la veuve de Jacques le Jofne (car elle eft vifée à la page 4 de la Généalogie imprimée), le fieur d'Hofier, dis-je, qui n'a négligé dans cet ouvrage aucune circonftance favorable à nos Adverfaires, quelle qu'elle fût, n'a tiré aucune induction de cette piece en faveur des fieurs le Jeune. Il faut donc écarter cette prétendue feconde preuve de la defcendance de la Maifon de Créqui; elle eft de la même nature que celle tireé du nom de le Jeune.

1°. Il n'eft pas prouvé que la Maifon de Créqui ait jamais poffédé la Terre d'Ambricourt; 2°. il n'eft pas prouvé que les le Jeune aient jamais poffédé cette Terre. 3°. Il eft démontré impoffible que cette Terre leur ait jamais appartenu à titre fucceffif de la Maifon de Créqui : il ne réfulte donc abfolument rien de cette poffeffion prétendue de la Terre d'Ambricourt, par les Auteurs des fieurs le Jeune.

Pardonnez, Meffieurs, pardonnez les minces détails, les détails arides auxquels je fuis forcé de me livrer; une expérience fatale m'a appris que je ne devois rien négliger : mes Adverfaires d'ailleurs, ont préfenté ce moyen aux Requêtes du Palais avec la plus grande confiance, il a été un de ceux qui ont déterminé le fuffrage du miniftere public, peut être celui des Juges, j'ai dû vous en faire fentir toute la frivolité, & je me flatte de vous avoir pleinement convaincus que la poffeffion prétendue de cette Terre d'Ambricourt, ne forme pas la préfomption la plus légere en faveur de mes Adverfaires.

Que refte-t-il actuellement aux fieurs le Jeune pour pénétrer dans la Maifon de Créqui ? leurs armes & les enquêtes relatives à leur nobleſſe : vous verrez bientôt que ces titres ne méritent pas plus de conſidération que ceux dont je viens de parler.

IX.
Les armes des ſieurs le Jeune ne prouvent rien en leur faveur.

Les ſieurs le Jeune portent *de gueules au créquier d'argent avec un petit écuſſon à deux faſces de ſable ſur la premiere feuille du créquier à droite.* La Maiſon de Créqui porte *d'or au créquier de gueules.*

Daignez obſerver d'abord que ces armes ſont différentes en deux points, 1°. par les couleurs, 2°. par le petit écuſſon particulier dont les armes des ſieurs le Jeune ſont ſurchargées : ils ne peuvent donc pas dire avec vérité que leurs armes ſont celles de la Maiſon de Créqui.

Je ſais, Meſſieurs, que les ſieurs le Jeune prétendent, & le ſieur d'Hoſier leur a dit, dans ſa généalogie, que le changement des couleurs dans les armes étoit fréquent anciennement pour diſtinguer les cadets des aînés : cela peut être, mais de ce que les cadets ſe diſtinguoient des aînés par la différence des couleurs, il n'en réſulte pas aſſûrément que tous ceux qui portoient les mêmes pieces avec des couleurs différentes étoient des cadets d'une Maiſon. Aucun Auteur héraldique, aucun abſolument, ſans en excepter le ſieur d'Hoſier, n'a jamais avancé une erreur pareille ; & vous verrez dans un inſtant que tous, & le ſieur d'Hoſier lui-même, ont établi des principes abſolument contraires. On ne peut donc rien conclure en faveur des ſieurs le Jeune de leurs armes différentes en émaux de celles de la Maiſon de Créqui.

Mais faiſons grace aux ſieurs le Jeune de cette différence : ſuppoſons que leurs armes ſont en tout abſolument ſemblables aux armes de la Maiſon de Créqui ; ce ſont

les

les mêmes armes, c'eft-là tout ce qu'ils peuvent prétendre : qu'en réfultera-t-il pour la Caufe.

Voyons d'abord depuis quel tems vous portez vos armes *de gueules au créquier d'argent.* Le plus ancien monument de votre famille, où nous les trouvions, eft la tombe de Jean le Jeune, quatrieme du nom, votre cinquieme ayeul connu, mort en 1621.

Pierre le Jeune, fon fils, fit appofer, dites-vous, ces armes : ce Pierre le Jeune eft le même qui, quinze ans après, obligé de juftifier fa nobleffe devant les Commiffaires du Roi, produifit une Généalogie dans laquelle il donnoit pour pere & pour grand-pere à Taffart le Jeune, que vous dites aujourd'hui votre premier auteur connu, *Guillaume & Robert le Jeune, chef des le Jeune Contai,* ce qui exclut, de votre aveu, toute idée de defcendance de la Maifon de Créqui : à la vérité vous prétendez que ce Pierre le Jeune, votre aïeul, fit alors une fauffe généalogie ; mais s'il fut capable de fe donner de faux parens, il auroit été bien capable de fe donner des armes qui n'étoient pas les fiennes. Suppofons cependant qu'il fît graver fes armes véritables, quelles étoient-elles à cette époque ?

Vous m'avez communiqué l'année derniere un Procès-verbal dont j'ai retenu copie, dreffé le 13 Février 1761, à la requête *du fieur Pouffineau & de Dame Marie-Françoife le Jeune, fon époufe,* votre tante, qui, pour l'obferver en paffant, s'appelloit encore le Jeune à cette époque. Or, fuivant ce Procès-verbal, auquel votre oncle lui-même a préfidé, les armes appofées en 1621 fur la tombe de Jean le Jeune étoient *de gueules au créquier d'or,* & non pas au créquier d'argent, comme vos armes actuelles : dites-nous,

H

s'il vous plaît, la raison de cette différence ; comment votre prétendu créquier d'or est devenu un créquier d'argent, & pourquoi tous ces changemens dans des armes qui seroient bien constamment les vôtres ? Mais quelle qu'en soit la cause, il est toujours vrai que c'est en 1621, pour la premiere fois, que vos armes paroissent sur un monument.

Ce ne sont pas moins les armes de notre famille, dites-vous, puisqu'elles ont été portées dès 1380 par un Tassart le Jeune qui vivoit à cette époque ; ce Tassart le Jeune est différent de notre premier auteur connu ; le sieur d'Hosier l'a exclus de notre Généalogie, mais il n'en étoit pas moins de nos parens, car il étoit Procureur-général du Comté d'Artois.

Il est certain qu'il y a eu en 1380 un Tassart le Jeune qui a été Procureur-Général du Comté d'Artois : mais que ce Tassart le Jeune fût de la famille de mes Adversaires plus que vingt autres le Jeune qui existoient alors, c'est sur quoi il n'y a pas la preuve la plus légere.

Et quand je dis qu'il n'est pas prouvé que vous fussiez parens de ce Tassart le Jeune, ne pensez pas que je cherche à enlever à votre famille un membre qui la rapprocheroit de la maison de Créqui ; ce Tassart le Jeune, qui pouvoit être un Citoyen très-estimable, & mériter, à quelques égards, la confiance du Comte d'Artois, n'étoit cependant pas né dans une classe plus distinguée que les autres le Jeune, & sur ce point, je vous prie, Messieurs, de me permettre quelques réflexions, afin qu'on ne puisse pas abuser de la qualité de Procureur-Général que prennoit Tassart le Jeune.

A l'époque où vivoit Tassart (en 1380), le Conseil Provincial d'Artois n'existoit pas encore, il n'a été créé que

150 ans après; il n'y avoit en Artois que des Baillages qui relevoient du Parlement. Point de difficulté fur ce point: qu'étoit donc le Procureur-Général du Comté d'Artois? La mémoire de cette place n'eft pas éteinte dans la province; il en eft parlé dans les Mémoires pour fervir à l'Hiftoire de la ville d'Arras, imprimés en 1763; Mémoires rédigés d'après les regiftres de l'Hôtel-de-ville, & autres monumens publics de la province: voici comme on s'exprime dans cet ouvrage:

„ On défignoit alors fous le nom d'Officiers du Duc de
„ Bourgogne ou du Comte d'Artois, les Officiers de la
„ Gouvernance ou Bailliage d'Arras, & l'on donnoit à la
„ partie publique du fiége le nom de Procureur d'Artois,
„ quelquefois de *Procureur-Général.*

Cette qualification ne doit pas nous étonner; prefque tous les Procureurs du Roi des Bailliages recevoient & prenoient alors le titre de Procureurs-Généraux: nous en avons une foule d'exemples dans les cinq premiers volumes de nos Ordonnances, imprimées au Louvre, & voilà, felon toutes les apparences, quel étoit le Procureur-Général du Comté d'Artois, à moins que vous n'aimiez mieux fuppofer qu'il étoit un fimple fondé de procuration; car certainement il n'étoit pas Procureur-Général dans un Tribunal fouverain, puifqu'il n'y a eu de Tribunal fouverain dans la province que 150 ans après.

L'état de Taffart le Jeune, quel qu'il fût, fuppofoit, j'en conviens, de la confiance de la part du Comte d'Artois; mais il ne fuppofoit en aucune maniere un homme né d'une maifon illuftre: les Ducs de Bourgogne, comme tous les Souverains du monde, n'ont pas toujours confulté la naiffance

dans le choix des perfonnes qu'ils honoroient de leur confiance : & dans le temps même où vivoit Taffart le Jeune ,
Procureur-Général d'Artois , les Ducs de Bourgogne tiroient
d'une profonde obfcurité une famille de *le Jeune* , qui depuis
a été très-connue ; & touchés du mérite d'un des membres de
cette famille , ils l'élevoient aux grades plus importans *de*
Bailly d'Amiens , de Chevalier & de Gouverneur d'Arras. La
place de Taffart le Jeune ne fuppofoit pas une naiffance plus
diftinguée peut-être que le grade de Chevalier , & la place
de Gouverneur d'Arras , donnée à Robert le Jeune, que Monftrelet nous apprend cependant être né de bas lieux , & s'il
étoit permis de fe livrer à des conjectures , il feroit difficile
de penfer que Taffart le Jeune , Procureur-Général d'Artois ,
étoit étranger à Robert le Jeune, qui fut depuis Gouverneur
d'Arras , & cette conjecture honoreroit peut-être la mémoire
de Taffart le Jeune : trois circonftances doivent fixer notre
opinion fur fa famille.

1.° Dans aucuns des actes émanés de lui , Taffart le Jeune
ne prend jamais aucune qualité , ni *de Chevalier* , ni *d'Ecuyer.*

2.° Il avoit époufé Jacotte Rumet , fille de Colard Rumet ,
Receveur de la Baillie d'Hefdin , à qui on ne donne d'autre
qualité que celle *d'honnête homme & fage ,* que nous fommes
loin de lui contefter , mais qui décelent la roture.

3.° Nous voyons dans les regiftres de la ville d'Arras que
Bertrand le Jone , qui fut depuis *Clerc ,* c'eft-à-dire , *Secré-*
taire , ou *Greffier* de la ville d'Arras , jura la bourgeoifie en
1412 , & *que pour amour & contemplation de Taffart le Jone ,*
on lui fit la remife des droits.

Ce Bertrand le Jone , Clerc ou Greffier de l'Hôtel-de-
ville , tenoit donc de près à Taffart le Jone , & par confé-

quent Taffart le Jone fe trouve relégué comme les autres le
Jofne de ce temps, dans la claffe commune.

Je ne fais donc pas un grand tort à mes Adverfaires, quand
je dis qu'ils ne prouvent en aucune maniere leur parenté avec
Taffart le Jofne, Procureur-Général d'Artois, qui vivoit en
1400.

Cependant, s'ils le veulent, je les fuppoferai parens,
defcendus même de ce Taffart le Jofne, quoique le fieur
d'Hofier ne leur ait pas donné cet ayeul, & de cette defcendance j'en tirerai un argument de plus pour exclure celle de
la maifon de Créqui : car, fans parler du nom de le Jeune
que portoit Taffart, le Procureur-Général, qui devoit favoir
fon nom mieux que mes Adverfaires, ni fon alliance avec
Jacotte Rumet, ni fa parenté avec Bertrand le Jone, Clerc
de la ville d'Arras, ne peuvent faire fuppofer qu'il étoit Créqui ; & il y a lieu de croire qu'il portoit, comme tout le
monde le faifoit alors, le nom de fes peres.

Mais encore une fois, fi mes Adverfaires veulent s'appli-
quer ce Taffart le Jeune, j'y confens. Il a fcellé plufieurs
actes d'un fçeau qui paroît repréfenter un créquier avec un
écuffon particulier à deux fafces au haut de l'écuffon à dextre :
cela eft conftant. Je veux bien fuppofer encore que les le
Jeune ont toujours porté les mêmes armes, quoique le premier monument où elles paroiffent en 1621, foit l'ouvrage
d'un homme convaincu, de l'aveu de mes Adverfaires, d'avoir
fait une fauffe Généalogie.

Ces armes feroient donc dans leur famille depuis 1380 ;
elles y feront, fi l'on veut, depuis 1300, & avant même.
Quelle eft donc la conféquence que mes Adverfaires pourront
en tirer ?

D'abord, à l'époque où vivoit Taſſart le Jeune, & antérieurement tous les Bourgeois (même les Artiſans), avoient des armes, & je n'irai pas en chercher la preuve hors de la cauſe : car nous voyons qu'un Pierre le Jeune, Charpentier du château d'Heſdin, donnoit des quittances en 1377, qu'il ſcelloit de ſon ſceau : *Donné ſous mon ſcel*, eſt-il dit dans l'acte: ſi nous en croyons *le Procureur du Roi de l'Election d'Arras, Juge d'armes de la province*, *qui a décrit deux de ces ſceaux*, ils repréſentoient un créquier, ſurmonté d'un maillet; ſi nous en croyons le Tréſorier des Chartes de la province, ils repréſentoient un maillet de Charpentier, au-deſſous duquel ſont deux oiſeaux ; mais créquier ou oiſeau, peu importe ; ce Pierre le Jeune, Charpentier, avoit ſon ſceau ; & cet exemple, qu'on pourroit appuyer de dix mille autres peut-être, nous atteſte que les Bourgeois, même les Artiſans, avoient alors leur ſceau. Le ſceau ne ſuppoſoit donc même pas la nobleſſe ; les attributs militaires dont il pouvoit être décoré ne la ſuppoſoient pas davantage ; depuis l'inſtant où les roturiers ont pu poſſéder des fiefs, c'eſt-à-dire, avant 1200, ils ont été obligés à un ſervice militaire, & en ont porté tous les attributs. Nous avons même la preuve que ces attributs étoient quelquefois accordés à tous les Bourgeois d'une ville ou d'une province : nous trouvons, par exemple, à la ſuite de l'Hiſtoire de Languedoc, tom. III, pag. 547 & 548, un acte de notoriété de 1292, qui porte expreſſément que tous les Bourgeois de Beaucaire & de Provence en jouiſſoient conſtamment. On ne peut donc rien conclure, même en faveur de la nobleſſe d'un particulier, de ce qu'il avoit, avant 1380, un écuſſon, un ſceau & des armes.

Mais Taſſart le Jeune, Procureur du Comte d'Artois,

Gendre de honnête-homme & sage Colard Rumet, Receveur de la Baillie d'Hesdin, & oncle ou cousin de Jacotin le Jeune, Clerc ou Greffier de la ville d'Arras, avoit un créquier dans son sceau ; il étoit donc issu en droite ligne de la maison de Créqui, & par conséquent les sieurs le Jeune, mes Adversaires, en sont aussi issus, car ils sont certainement de la famille de ce Taffart le Jeune ; ce créquier, dans le sceau de Taffart, doit avoir la vertu d'anéantir les inductions accablantes qui résultent de son nom & de son état, du nom & de l'état de tous les le Jeune connus pendant trois siecles, & leur préparer enfin une place dans la maison de Créqui : telle est du moins la conséquence qu'on veut tirer de ce créquier.

Que pour flater l'inquiétude & l'agitation d'une personne tourmentée du desir d'aggrandir son existence, on saisisse une présomption de cette nature ; que sur cette présomption on éleve des systêmes, qu'on les livre même au public, toujours avide du merveilleux, cela seroit assez indifférent peut-être ; mais que dans le temple de la Justice, on ose proposer à ses Ministres de prononcer sur l'état des hommes, & de prodiguer les noms les plus illustres, d'après des rêves semblables, c'est, je ne crains pas de le dire, ce dont les fastes de nos foiblesses n'offroient encore aucun exemple.

Ouvrez donc, ouvrez tous nos traités héraldiques, & vous y verrez que quoique les armoiries dont le premier usage remonte au neuvieme siecle, aient été prises dans le principe pour distinguer les rangs & les maisons, cependant plusieurs maisons qui n'ont aucune relation entr'elles, portent les mêmes armes ; il y a plus, tous les auteurs nous atteftent que *l'identité de nom jointe à l'identité des armes, ne suffit pas encore pour prouver l'identité de l'origine.*

C'eſt ce qui a fait dire à la Roque dans ſon Traité de la Nobleſſe, que » nonobſtant que l'impoſition des noms pour ,, chacun en particulier ait été miſe pour les rendre recon- ,, noiſſables, & que cela ait été ſuivi du port des Armes ,, pour la diſtinction des Familles; neanmoins tous ceux ,, qui ſemblent porter même nom & mêmes armes, n'ont ,, pas toujours même origine «.

Et ne penſez pas, Meſſieurs, que ce ſoit ici une opinion iſolée & particuliere à la Roque; de tous nos Auteurs Héraldiques, il n'en eſt aucun, ſans excepter le ſieur d'Hoſier lui-même, qui n'ait tenu le même langage.

Dans la méthode du Blaſon, imprimée en 1688, je lis *qu'il faut s'accoutumer à diſtinguer les Maiſons de même nom, & les Maiſons différentes qui portent les mêmes armes*, il y a donc des Maiſons différentes qui portent les mêmes armes, & il faut que cela ſoit bien commun, puiſqu'on recommande de s'accoutumer de bonne-heure à faire cette diſtinction.

Dans les recherches du Blaſon imprimées en 1683, le Pere Menetrier, après avoir obſervé que la reſſemblance des noms a produit bien des erreurs, continue en ces termes énergiques: *La reſſemblance des Armoiries n'a pas moins fait de fables.*

Dans l'Ouvrage intitulé : Le Véritable Art du Blaſon, ou l'uſage des Armoiries, nous liſons encore : » Il y a quantité de ,, Maiſons qui ont les mêmes armes, ſans être ſorties du ,, même ſang........ *la reconnoiſſance, les ſervices rendus,* ,, *l'amitié, la ſociété d'armes & autres pareilles choſes*, ont ,, contribué aſſez ſouvent à cette conformité d'armoiries.

Dans le Dictionnaire Diplomatique de Dom de Vaines, au mot Armoiries, nous voyons que ſur le déclin du treizieme ſiecle,

fiecle , » même les perfonnes de la plus vile condition ,
,, avoient des fceaux , & que lorfqu'ils n'en avoient pas , ils
,, fe fervoient *de celui de perfonnes conſtituées en dignité*,
,, même du fceau des témoins.

Enfin , Meſſieurs , il n'exifte pas un Auteur Héraldique
qui n'ait regardé comme une maxime inconteſtable , que
l'identité des armes ne prouvoit en aucune maniere
l'identité de l'origine : je dis qu'il n'exifte pas un feul Auteur
Héraldique qui n'ait établi cette maxime , & je n'en excepte
pas le fieur d'Hofier lui-même ; fa morale n'eſt pas fi rela-
chée que mes Adverfaires voudroient le faire entendre :
voici les principes qu'il établit dans fon Armoirial général.
Regiſt. 3 , part, 1re. pag. 47 & 48 au fujet de la Maifon
d'Alet.

,, Le Juge d'Armes fe flatte d'avoir aſſez folidement
,, prouvé que les Seigneurs de St Chriſtophe & de Châ-
,, teau étoient de leur vivant furnommés d'Aluye, & DE
,, CELA SEUL il réfulte que la Famille d'Ales de Corbet ne
,, peut point prétendre être iſſue de ces anciens Seigneurs.

Permettez-moi de m'arrêter un inſtant fur cette premiere
partie du paſſage du fieur d'Hofier ; de ce que les fieurs
d'Ales de Corbet ne portoient pas le même nom que les
fieurs d'Aluye , Seigneurs de St Chriſtophe, DE LA SEUL
il réfulte , dit-on , que la famille d'Ales de Corbet ne peut
pas prétendre être iſſue de ces anciens Seigneurs.

Que cette décifion du fieur d'Hofier eſt rigoureufe ,
Meſſieurs ! par *cela feul* que la Famille d'Ales de Corbet ne
porte pas le nom d'Aluye , il lui refufe impitoyablement une

place dans la Maison d'Aluye qui est éteinte ; quelle rigueur encore une fois de la part de ce Généalogiste ?

Mais, d'un autre côté, quel excès de relâchement ? Les le Jeune n'ont jamais porté le nom de Créqui, & cependant le sieur d'Hosier leur fait une place dans la maison de Créqui bien plus illustre que celle d'Aluye, & qui subsiste encore: voyons actuellement la suite du passage.

„ Il y a plus, quand bien même les Seigneurs d'Aluye,
„ dans leurs tems, auroient été connus sous le nom d'Alet ;
„ ce qui n'est pas, rien ne prouveroit encore que MM.
„ d'Alet de Corbet appartiennent à la même Maison.

„ *La seule identité de nom* ne fut jamais une preuve d'i-
„ dentité de Famille, ce principe sera reçu par tout Juge
„ éclairé, & qui a de bons principes de critique.

„ L'identité même de pays, jointe à l'identité de nom,
„ ne peut suffire encore pour réunir deux Familles, ou pour
„ n'en faire qu'une: on a mille exemples de Familles d'un
„ nom semblable établies dans la même Province, sans qu'il
„ y ait entr'elles la moindre affinité.

„ IL FAUT LE MEME NOM, le même pays, les mêmes
„ armes, & la possession de quelques-uns des mêmes biens,
„ tout cela réuni forme *un préjugé* assez fort pour suppléer
„ au défaut de titres, & *des raisons de probabilité*, &c.

Vous voyez, Messieurs, si le sieur d'Hosier est loin d'é-tablir que l'identité des armes prouve l'identité de l'origine: il exige, pour former un préjugé, une probabilité : » *L'iden-*
„ *tité de nom* (premiere circonstance & la plus nécessaire,
„ sans laquelle, selon lui, les autres ne font rien) l'identité de

„ pays, l'identité des armes & la poffeffion des mêmes biens,
„ & tout cela réuni ne forme encore qu'*un préjugé*, une *pro-*
„ *babilité.* »

J'ai donc eu raifon de vous dire que jamais perfonne,
(pas même le fieur d'Hofier) n'avoit établi en principe que
l'identité des armes prouve l'identité de l'origine : Eh! Comment auroit-il pu exifter quelqu'un affez étranger à nos
mœurs & à nos ufages, pour annoncer une doctrine fem-
blable, puifqu'il eft notoire qu'en France il n'y a pas une
feule Maifon qui ne partage fes armes avec des Maifons totalement différentes? Mes Adverfaires l'ont eux-mêmes reconnu
formellement. Sur ce point nous fommes tous d'accord, ils
ont feulement effayé d'établir une différence entre les armes
ordinaires & les armes qu'ils appellent parlantes, parce qu'elles
ont quelque rapport au nom de celui qui les porte. Différence qu'ils ne peuvent appuyer d'aucune efpece d'autorité ;
& en effet, toutes les armes parlantes ou non, ont été
prifes dans le principe pour le même objet, & ont pu fe
communiquer à des Maifons différentes par les mêmes
motifs.

Mais je peux encore accabler fur ce point mes Adverfaires par les faits & par les exemples.

La Tour eft fans contredit une arme parlante pour la
Maifon de la Tour-d'Auvergne ; eh bien! il y a plus de 50
Maifons différentes en France qui portent la Tour dans leurs
armes, & qui n'ont aucune relation avec la Maifon de la
Tour-d'Auvergne. Pour s'en convaicre il fuffit d'ouvrir l'ou-
vrage de Palliot, & de jetter les yeux fur le mot Tour.

Les armes parlantes existent donc comme les autres dans des Maisons absolument étrangeres les unes aux autres.

Mais cherchons encore d'autres exemples, & prenons le *Maillet* : je choisis celui-là de préférence, parce que le sieur d'Hosier a dit dans la Généalogie *que le Créquier étoit une arme parlante pour la Maison de Créqui, comme le Maillet pour les Mailli*. Or, le Maillet, que le sieur d'Hosier lui-même met dans la même classe que le Créquier, le Maillet se trouve dans les armes de 30 Maisons peut-être qui n'ont rien de commun avec la Maison de Mailli : je me dispenserai d'en faire ici l'énumération, on les trouve dans la science des Armoiries de Paillot au mot Maillet, & mes Adversaires ont été forcés de reconnoître encore la vérité de ce que j'ai l'honneur de plaider : pour échapper à la conséquence accablante qui en résulte, ils sont réduits à prétendre (contre le témoignage de leur propre Généalogiste) qu'il ne faut pas ranger dans la même classe le Maillet & le Créquier ; qu'il n'est pas étonnant que le Maillet se trouve dans les armes de plusieurs Maisons, parce que le Maillet est un instrument très-commun dans les mains de tout le monde, & que le Créquier au contraire est un cerisier sauvage qui croit en Artois : comme s'il étoit plus difficile de mettre dans ses armes un Cerisier qu'un Maillet. Vous sentez à quelle extrémité il faut être réduit pour se livrer à de pareils subterfuges.

Mais mes Adversaires ne m'échapperont pas, & je les suivrai jusques dans leurs derniers retranchemens. Voyons si le Créquier n'a été porté en effet que par les Créqui.

J'ai déjà cité à mes Adversaires sept exemples de Maisons qui portent ou qui ont porté le Créquier sans être Créqui.

1°. Les Boïfeuvlis, 2°. les Ifflinger, 3°. les Drancourt, 4°. les Decente, 5°. les le Jofne Contai, 6°. 3 branches de le Jeune qui ont été maintenues dans leur Nobleffe à Arras, en 1577 & 1597, 7°. les Quatreveaux dont je rapporte des quittances fcellées d'un Créquier : je peux ajouter à ces fept exemples un 8°. celui de *Lefpaut* qui portent auffi dor au Créquier de geules, comme on peut le voir dans la méthode du blafon par Jofeph Goffelin, imprimée à Amiens en 1745, p. 7, & dans l'Armorial de la Généralité d'Amiens.

Voilà donc huit exemples connus de Maifons totalement différentes de la Maifon de Créqui, & qui ont porté un Cré-quier dans leurs armes.

Jugez d'après cela, Meffieurs, & d'après le témoignage unanime des Auteurs Héraldiques, qui nous atteftent que la reffemblance des armoiries avoit donné lieu à une foule de fables ; jugez, dis-je, fi les fieurs le Jeune peuvent trouver dans leurs armes, je ne dirai pas une preuve capable de balancer 400 ans de poffeffion d'un état contraire, mais la préfomption la plus légere de leur prétendue defcendance de la Maifon de Créqui ?

Il ne réfulte donc rien de vos armes ; même en fuppofant quelles font celles de la Maifon de Créqui, car fur ce point il n'y a abfolument rien de prouvé ; en effet, les Auteurs Héraldiques ne s'accordent pas fur la définition du Créquier : les uns difent que c'eft un Cerifier, d'autres foutiennent que c'eft un Chandelier, d'autres enfin prétendent que c'eft un Cerifier en forme de Chandelier ; je ne chercherai certainement pas à les mettre d'accord, mais je conclus de là que dans le blafon le Créquier reffemble, ou à un Cerifier ou à un Chandelier, & qu'il leur reffemble fi parfaitement que les Auteurs Héraldiques ne savent pas s'il est ou Cerisier ou Chandelier ; mais si cela est ainsi , qui nous assurera que nos ayeux portoient les mêmes armes , que les vôtres , par exemple , ne portoient pas un Chandelier , & les nôtres un Cerisier : il n'y auroit alors rien de commun entre nous , & vous auriez renouvellé l'histoire si connue des deux Gentilshommes qui plaidoient au sujet de trois têtes de bœuf qu'ils avoient , disoient-ils tous deux dans leurs armes , & dont la querelle fut assoupie , parce qu'on vérifia que l'un portoit trois têtes de bœuf ; & l'autre trois têtes de vaches.

Vous avez peut-être un Chandelier , & nous peut être un Cerisier , mais Chandelier ou Cerisier peu nous importe : l'identité même des armes ne prouve rien , je l'ai démontré ; & jusqu'ici nous n'avons trouvé ni preuve ni probabilité , ni présomption de votre descendance de la Maison de Créqui ; & bien loin de là tout nous a fourni la démonstration contraire.

Je pourrois actuellement soutenir , Messieurs , que ma cause est plaidée , car il ne me reste à discuter que les atestations & enquêtes de 1478 & 1485 , au sujet de la Noblesse des sieurs le Jeune : mais le Substitut qui portoit la parole aux Requêtes du Palais , & dont le suffrage a été en tout favorable à mes Adversaires , a reconnu formellement que ces Enquêtes n'étoient pas des titres de descendance de la Maison de Créqui , & qu'on n'y trouvoit que des présomptions : à la vérité , il a ajouté que ces présomptions réunies à celles qui résultent du nom de le Jeune , de la possession prétendue de la Terre d'Ambricourt , & des armes , formoient *une preuve mathématique* , ce sont ces termes ; mais comme j'ai déja anéanti les prétendues présomptions résultantes du nom de le Jeune, de la possession d'Ambricourt & des armes, il en résulte, si je ne me trompe, que la preuve mathématique formée de trois présomptions s'évanouit, & il ne reste par conséquent (en laissant aux Enquêtes toute la valeur qu'on leur a donnée) qu'une simple présomption; & je le demande aux Partisans les plus outrés de mes adversaires, seroit-ce sur une simple présomption qu'on pourroit anéantir une possession d'état de quatre siecles ?

Mais il est tems enfin d'apprétier ces Enquêtes. Je soutiens qu'elles prouvent plus que tout le reste que mes Adversaires ne sont pas Créqui.

Daignez vous rappeller que Jean le Jeune, fils de Taffart le Jeune; premier auteur connu de mes Adversaires, quitta l'Artois en 1450, il fut Tapissier de M. le Duc d'Orléans, & après la mort de ce Prince en 1464, il entra au service de M. de Beaujeu comme Valet-de-Chambre: c'est du moins la qualité qu'il se donnoit.

Ce Jean le Jeune, Tapissier, ensuite Valet-de-Chambre, épousa Anne Secard, veuve d'un sieur Rousseau, & s'établit à Tours : on l'y imposa à la taille, il articula qu'il étoit (non pas Créqui) mais le Jeune & Noble, il fut admis à la preuve du fait de sa Noblesse. Aussi-tôt il accourut à Paris, conduisit six Particuliers dans l'étude d'un Notaire, & se fit donner un Certificat, d'après lequel les Elus de Tours le déclarerent, par une Sentence du 31 Novembre 1478, franc & exempt de la taille SANS DÉPENS.

Ce Jugement n'empêcha cependant pas que quelques années après, on ne lui contestât de nouveau sa noblesse dans

X.
Discussion des Attestations & Enquêtes au sujet de la Noblesse de Jean le Jeune.

la même ville de Tours & dans le même Tribunal : fa femme
avoit fait le commerce de vin en détail, les Fermiers du 8.ᵉ
demanderent les droits dont Jean le Jeune fe prétendit exempt,
comme noble : il foutint que fa nobleffe avoit été prouvée
& jugée 7 ans auparavant, en 1478. Il repréfenta le certificat qu'il s'étoit fait donner, & le jugement qui avoit fuivi,
& néanmoins, au lieu de le déclarer noble, les Elus lui enjoignirent de nouveau de prouver le fait de fa nobleffe, parce
que fans doute il leur paroiffoit équivoque. On lui expédia
des commiffions rogatoires pour les Elus d'Arras & pour ceux
de Paris, il fe contenta d'accourir dans cette capitale, où il
fit entender quelques témoins ; il revint enfuite à Tours, & par
un fecond Jugement du 7 Juillet 1486, Jean le Jeune fut dé-
chargé du droit de 8.ᵉ fur le vin, vendu par fa femme, le
Fermier condamné en la moitié des dépens, l'autre moitié
compenfée POUR AUCUNES CAUSES A CE NOUS MOU-
VANTES.

Ce ne font pas les deux Sentences obtenues par Jean le Jeune
que l'on nous oppofe, mais le certificat & l'enquête fur lefquels elles ont été rendues.

Voyons donc ces pieces, permettez-moi de les mettre en
entier fous vos yeux : examinons d'abord l'enquête de 1485,
parce que du moins elle eft légale & dans les formes pref-
crites. Elle eft compofée de fix témoins, deux Eccléfiaf-
riques, deux Nobles, & deux Marchands. Voici leurs dé-
pofitions.

Premier Témoin. „ Dom Michel de Thilly, Religieux & Prieur de Noftre-
„ Dame de la Porte, foubz Mailly en Champaigne ou Dio-
„ ceze de Troyes, de l'Ordre de S. Benoît, demourant à
„ préfent

„ préſent à Paris, aaigé de 48 ans ou environ, ſi comme il
„ dit, teſmoing produict pour la partie dudit Jehan le Jeune,
„ Eſcuyer, Déffendeur, jure de dire vérité en l'abſence deſd.
„ Demandeurs, eulx ſur ce appellez & mis en defaut, oy &
„ interrogué par nous Denis Hoſſelin & Pierre Andry, deſſus
„ nommez, le lundy xiiij.ᵉ jour de 9.bre l'an mil cccc quatre-
„ vingts & cinq, de & ſur les faiz dudit Déffendeur, à nous
„ baillez par eſcript, DIT ET DEPPOSE PAR SERMENT SUR
„ CE FAIT, que en ſon jeune aige a eu cognoiſſance de
„ feu Euſtace le Jeune, pere dudit Jehan le Jeune, *comme*
„ *on dit*, qui eſtoit demourant à Ambricourt, en Pycardie,
„ ou Dioceſe de Therouenne, lequel il a veu tenir & reppu-
„ ter noble, extrait de noble lignée, & vivant noblement,
„ &, comme Gentilhomme, mener chiens & oyſeaulx, &
„ ſoy maintenir comme les autres nobles du pays, & eſt re-
„ cords il qui parle, que on appelloit lors ledit villaige de
„ Ambricourt, le villaige des nobles homs, & qu'il n'y avoit
„ demourans que Gentilzhommes : & ce a veu il qui parle,
„ en frequentant par pluſieurs foiz par ledit Euſtace, en
„ l'oſtel de ſout ayon, près dudit Ambricourt : *Interrogué ſi*
„ *led. Euſtace & ſes prédéceſſeurs avoient armes, & s'ilz ſui-*
„ *voient les guerres, dit qu'il n'en eſt mémoratif. Interrogué ſi*
„ *led. Jehan le Jeune eſt fitz légitime & naturel dud. Euſtace, &*
„ *s'il eſt ſuyvant les armes,* DIT QU'IL NE SCET, SINON
„ PAR OYR DIRE, ET NE L'A VEU ET COGNEU JUSQUES
„ A NAGUERE ; mais qu'il ſcet qu'il eſt demourant avecques
„ Monſeigneur de Beaujeu, ſervant led. Seigneur comme l'un
„ des Gentilzhommes de ſon oſtel ; interrogué s'il ſcet que lui
„ ou ſa femme aient vendu aucun vin à détail en l'année finie
„ mil cccc quatre-vingts & quatre, en ladite villé de Tours,

K

,, & que ledit vin de leur creu, *dit qu'il n'en ſcet riens, ne*
,, *autre choſe que deſſus, ſur tous les faiz d'icelui Deffendeur.*,,

Le témoin n'a vu & connu Jean le Jeune que *juſques à*
naguere.

Ne ſait que, *par oui dire*, qu'il eſt fils d'Euſtache le Jeune.

Mais en ſon jeune âge a connu Euſtache le Jeune, qui
vivoit noblement, & demeuroit à Ambricourt, qu'*on appel-*
loit le village des nobles hommes.

D'ailleurs, ne ſait ſi Euſtache & ſes prédéceſſeurs avoient
armes, & s'ils ſuivoient les guerres, &c. Quelle conſéquence
peut-on tirer de cette dépoſition pour la déciſion de la cauſe?

Second Témoin.
,, Maiſtre Pierre Lambert, Preſtre, Curé de S. Etienne,
,, en Arras, & à préſent Vicaire du Curé de S. Innocent, à
,, Paris, demourant audit lieu, aaigé de 48 ans ou environ,
,, ſi comme il dit teſmoing produiƈt par led. Deffendeur, juré
,, & interrogué le jour & ſur les faiz que le précédent, DEP-
,, POSE PAR SERMENT qu'il eſt natif de la ville de Voyen-
,, val, à deux lieues ou environ, près de Ambricourt, en
,, Picardie, ou quel lieu de Ambricourt eſtoit demourant feu
,, Euſtace le Jeune, pere dud. Jehan le Jeune, *comme il a*
,, *toujours oy dire,* lequel Euſtace & ſes freres, dont l'un,
,, nommé Jacques, eſtoient nobles, pour tels tenus & rep-
,, putez oud. pays de Picardie, & iceulx a veu vivre noble-
,, ment & tenir eſtat de nobles hommes, & les femmes en
,, eſtat de nobles perſonnes & de gentilleſſe, & en ſon temps
,, a veu il qui parle, que leurs freres, couſins-germains &
,, autres leurs parens ont éſté appellez pour ſervir leur Prince
,, en ſes guerres & armées; & oultre QU'IL SCET PAR OYR

„ DIRE led. Jehan le Jeune, filz dud. Euſtace, eſtre demourant
„ en l'oſtel de Monſeigneur de Beaujeu, & ſervant led. Sei-
„ gneur comme Gentilhomme, & comme les autres Gentilz-
„ hommes de ſon hoſtel : & autre choſe ne ſcet des faiz &
„ eſcriptures dud. Deffendeur, ſur tout oy & examiné. »

Ce témoin a ouï dire que feu Euſtache le Jeune demeuroit à Ambricourt.

A vu les freres, couſins-germains & autres parens vivre
noblement, & ſait auſſi, par ouï dire, que Jean le Jeune demeure à l'hôtel de Beaujeu. Que réſulte-t-il encore de-là en
faveur des ſieurs le Jeune ?

„ Anthoine de Villiers, Eſcuyer, Seigneur de Belloy, ſur IIIme. Témoin.
„ la riviere de Somme, demourant à Paris, aaigé de 63 ans
„ ou environ, produit, juré, interrogué le jour, & ſur les faiz
„ & eſcriptures que les précédens ont eſté interrogués, DIT
„ ET DEPPOSE PAR SERMENT *qu'il cognoit led. Jehan le Jeune*
„ *DE VUE, lequel il ſcet eſtre ſerviteur, domeſtique, paſſé long-*
„ *temps, de Monſeigneur de Beaujeu, tenu & repputé en ſon*
„ *hoſtel, noble, de noble ligne, & vivant noblement, & oultre*
„ *qu'il a eu cognoiſſance d'une ſienne ſeur Religieuſe en l'Ab-*
„ *baye de Tuilloye, ès fauxbourg d'Arras, de laquelle en tenoit*
„ *ſes pere & parens, nobles gens vivant noblement, & autre*
„ *choſe ne ſcet du contenu eſd. eſcriptures.* »

„ Jacques de Villeman, Eſcuier, Seigneur de la Mote-lez- IVme. Témoin.
„ Symencourt, en Picardie, ou dioceze d'Arras, demourant
„ à la Vielzville, oudit pays, aaigé de 58 ans ou environ,
„ ſi comme il dit, produit, juré & interrogué, le jour &

K ij

,, comme les précédens, DEPPOSE PAR SERMENT qu'il a eu co-
,, gnoiſſance de feu Euſtace le Jeune, pere, COMME L'EN DIT,
,, dudit Jehan le Jeune, lequel Euſtace il a veu vivre noble-
,, ment, & eſtre tenu & repputé tel oudit pays de Picardie,
,, par les nobles hommes; & plus n'en ſcet. »

Vme. Témoin.

,, *Michel Deſtamyn, Marchant Tapicier*, demourant à Pa-
,, ris, rue des Changeurs, à l'enſeigne des Carneaulx, aaigé
,, de 36 ans ou environ, ſi comme il dit, jure de dire vérité,
,, & interrogué le jour & ſur les faiz & articles que les pré-
,, cédens, DEPPOSE PAR SERMENT qu'il cognoiſt led. Jehan
,, le Jeune, paſſé 16 ans, *lequel il ſcet eſtre ſerviteur & vaſlet*
,, *de chambre de Monſeigneur de Beaujeu, en la maiſon & lo-*
,, *gis duquel il qui parle, a fréquenté ſouvent & par pluſieurs*
,, *foiʒ*, & icelui eſtre tenu & repputé en l'oſtel dud. Seigneur
,, noble, extraict de noble lignée, ſuivir les Gentilzhommes
,, dud. hoſtel, & eſtre monté & habillé de même : & autre-
,, ment de ſa généalogie, ne des faiz contenus eſd. eſcriptures
,, ne ſauroit deppoſer. »

VIme. Témoin.

,, *Fremyn, Garſon Marchant, demourant à Paris*, en la
,, rue S. Denis, à l'ymaige S. Martin, près S. Magloire,
,, aaigé de 36 ans ou environ, juré & interrogué le jour,
,, & comme les précédens, DIT ET DEPPOSE PAR SER-
,, MENT qu'il eſt natif de la ville de Pernes, en Artois, à trois
,, lieues près d'Ambricourt, où eſtoit demourant feu Euſtace
,, le Jeune, pere dud. Jehan le Jeune, duquel il a eu con-
,, gnoiſſance, lequel Euſtace eſtoit noble homme, vivant no-
,, blement, ſuyvant les armes, & auquel il avoit oy dire
,, avoir eſté à la bataille de Rouſſeauville, tel tenu & tel rep-

„ puté par les nobles du— pays , tenans fiefs & fourbanniers
„ noblement ; & pareillement a congnoiſſance dudit Jehan
„ le Jeune , lequel il ſcet eſtre filz légitime & naturel dudit
„ Euſtace , & l'a veu il qui parle en ſon jeune aige en l'hoſtel
„ de ſond. pere , & vivre noblement. A veu auſſi icelui Jehan
„ le Jeune demourer en l'hoſtel de Monſeigneur de Beaujeu ,
„ & en iceluy hoſtel eſtre tenu & repputé pour noble. Dit
„ encore qu'il a veu le frere dud. Jehan le Jeune porter armes
„ que on diſoit eſtre deppendant des armes de l'hoſtel de
„ Créqui , qui eſt des nobles maiſons de Picardie, ET AUTRE
„ CHOSE NE SCET. »

Fremin , Garçon , a connu , dit-il , Euſtache . . . . . noble
homme . . . . qui lui a dit avoir été à la bataille de Ruiſſeau-
ville.

Connoît Jean le Jeune , qu'il ſait être fils d'Euſtache.

A vu Jean le Jeune, en ſon jeune âge, *vivre noblement. . . .*
demeurer en l'hôtel de Monſeigneur de Beaujeu , où il eſt réputé noble.

A vu auſſi LE FRERE de Jean le Jeune porter armes , QU'ON
DIT être dépendantes des armes de l'hôtel de Créqui, qui eſt
des nobles maiſons de Picardie.

Voilà tout ce qu'il dit ſavoir. Que peut-on en conclure ?
Rien , ſans doute ; d'ailleurs , je ſuis en état de démontrer la fauſſeté de cette dépoſition , toute inutile qu'elle eſt
à mes Adverſaires.

Le témoin dit qu'il a vu en ſon jeune âge Jean le Jeune
vivre noblement en l'hôtel de ſon pere ; mais ce témoin déclare , au moment de ſa dépoſition (en 1485) , qu'il eſt âgé
de 36 ans ; il étoit donc né en 1449 : or *ouvrez votre propre*

Généalogie , l'ouvrage du fieur d'Hofier, votre titre le plus précieux , pag. 2, vous y verrez que Jean le Jeune quitta l'Artois vers 1450, pour s'établir en France : comment donc Fremin Garçon né en 1449, auroit-il pu voir en fon jeune âge Jean le Jeune forti de l'Artois en 1450, vivant noblement chez fon pere, à Ambricourt ?

Fremin Garfon eft donc un faux témoin de votre propre aveu, j'en fournirai d'autres preuves dans la fuite, quant à préfent, je me borne à la lecture de l'Enquête, telle qu'elle eft, j'en fuppofe tous les témoins irréprochables & tous les faits vrais; quelle impreffion a-t-elle pu faire fur vos efprits ?

Ne vous paroît-il pas bien étrange, Meffieurs, que Jean le Jeune, obligé de prouver fa nobleffe, s'adreffe à fix témoins, dont il n'y en a qu'un feul, un Garçon Marchand, qui connoît fon origine, autrement que par oui dire.

Des fix témoins entendus, deux déclarent ne connoître Jean le Jeune que pour l'avoir vu à l'hôtel de Beaujeu ; qu'il eft réputé noble, mais que fa Généalogie leur eft inconnue.

Trois atteftent favoir par ouï dire que Jean le Jeune eft fils d'Euftache le Jeune, qu'ils ont vu vivre noblement à Ambricourt.

Un feul dépofe, & ce témoin eft même convaincu d'impofture, qu'il connoît perfonnellement Jean le Jeune pour être le fils de Taffart le Jeune; qu'il a vu Taffart le Jeune vivre noblement, & qu'il a vu LE FRÉRE de Jean le Jeune porter armes, QU'ON DISOIT dépendantes des armes de l'hôtel de Créqui, qui eft des nobles maifons de Picardie, & AUTRE CHOSE NE SAIT.

Vous concluez de ce titre que les le Jeune font des Créqui? J'en tire la conféquence toute oppofée, j'en conclus qu'ils ne le font' pas ; & tout le monde peut, fans le fecours des Généalogiftes, prononcer fur le mérite de nos inductions; mais avant de quitter cette enquête, je dois obferver que les fieurs le Jeune repréfentent aujourd'hui de prétendues lettres de Louis XI, datées du 7 Septembre 1482, par lefquelles ce Prince paroît avoir donné *à Jean le Jeune* la permiffion de faire le commerce fans déroger à fa nobleffe : c'eft en 1485, trois ans après que Jean le Jeune eft inquiété, au fujet du commerce de vin en détail que fa femme avoit fait, & qu'on lui difpute fa qualité de noble : il foutient en l'Election de Tours la conteftation la plus vive, & il n'y repréfente cependant pas ces mêmes lettres qu'on fuppofe qu'il avoit obtenues trois ans auparavant, il aime mieux accourir à Paris pour y faire une Enquête, & pour y produire fix témoins dont il n'étoit pas connu. Je me contente d'en faire la remarque, & je laiffe à mes Adverfaires le foin d'expliquer la conduite de leur ayeul, & de tirer les conféquences qui en réfultent : hâtons-nous d'écarter enfin ces actes étrangers & inutiles, & venons à la derniere reffource des fieurs le Jeune, à l'atteftation donnée en 1478, fept ans avant l'Enquête de 1485, dont je viens de parler.

Il fe préfente d'abord deux réflexions bien importantes.

Si Jean le Jeune avoit prouvé, en 1478, qu'il étoit Créqui ; s'il avoit feulement prouvé, à cette époque, qu'il étoit noble, s'il avoit été jugé tel, on n'auroit pas eu befoin de faire, fept ans après (en 1485), une nouvelle Enquête fur fa nobleffe : Jean le Jeune n'avoit donc pas prouvé, en 1478, qu'il étoit Créqui, ni feulement qu'il étoit noble.

En fecond lieu, Jean le Jeune lui-même ne trouva pas, dans l'atteftation de 1478, la preuve qu'il fût Créqui, puifqu'il continua à fe dire le Jeune : fes defcendans, jufqu'à ce jour, n'y ont pas vu cette preuve plus que leur ayeul ; ils ont produit fept fois cet acte pour étayer leur nobleffe fept fois contestée ; mais ils n'en ont jamais tiré l'induction qu'ils defcendoient des Créqui ; ils en ont toujours conclu au contraire qu'ils n'étoient que le Jeune, mais nobles : or cette preuve, qui n'étoit pas en 1478 dans l'atteftation, & qu'on n'y a jamais vu depuis, l'y trouvera-t-on en 1780 ?

Voyons cependant ce certificat, auquel le S^r d'Hofier donne toujours dans fa Généalogie la dénomination d'*Enquête juridique*. Jean le Jeune mene fix particuliers dans l'étude d'un Notaire, les 26 & 27 Octobre 1478 ; le 26, cinq de ces particuliers firent leur déclaration en commun ; le 27, le fixieme donna fa déclaration féparée ; commençons par lire cette derniere Déclaration, elle paroît émanée de Robert des Marquets, qui prend le titre de Lieutenant-Général de la Gouvernance d'Arras, & qui, à raifon de fa place, pouvoit, j'en conviens, connoître les différentes maifons de l'Arrois. La voici :

,, Le Mardi 27.e jour d'Octobre, fut auffi préfent & com-
,, parut perfonnellement pardevant lefdits Notaires, noble
,, homme Robert de Marquets, Seigneur de Jumency, n'a-
,, gueres Lieutenant-Général de la Gouvernance d'Arras,
,, lequel a dift, certiffié & pour vérité affermé en la préfence
,, defdits Notaires, *que trente ans a paffez, il a bonne con-*
,, *gnoiffance du lignage & parentage des feurnommés le Jones*
,, d'Ambricourt, lefquelz font parens & affins dudit Jehan
,, le Jone, & lefquels il a toujours veu & oy tenir & rep-
,, puter au pays & conté d'Artoys, nobles & vivans noble-
,, ment, ledit favoir, parce que lui eftant Lieutenant-Géné-
,, ral

,, ral des Efleuz d'Artois, il n'a point veu ne feu que le
,, lignage & parentage des Jones, dont led. Efcuier eft iffu
,, & procréé, aient efté mis affis ne impofez à payer taille,
,, ne aucun autre fubfide, & que jamais n'en feuft queftion,
,, pourfuite, ne demande, lui eftant Lieutenant-Général
,, defd. Efleuz, pour ce qu'il eftoit & eft fi notoire oud.
,, pays d'Artoys, que lefd. Jones font nobles gens, vivans
,, noblement de leurs rentes & revenus, & n'eft mémoire du
,, contraire dont & defquelles chofes deffufd. ledit Jehan le
,, Jone, Efcuier deffus nommé pour ce prefent & comparant
,, pardevant lefd. Notaires, a requiz & demandé à avoir
,, lettres & inftrumens pour lui fervir & valloir en temps &
,, lieu, ce que de raifon. »

On voit par cette atteftation que Robert Defmarquets
a bonne connoiffance du *lignage & parentage des le Jofne
d'Ambricourt* lefquels font affins dudit Jean le Jofne.

Les a vu tenir & réputer Nobles & vivans noblement.

Et cela eft notoire au pays d'Artois.

Vous concluez de cette piece que vous êtes Créqui? &
moi j'en conclus au contraire que vous ne l'êtes pas, que
vous n'êtes que le Jeune comme vos peres, & tout le
monde peut encore prononcer fur le mérite de nos conféquences.

Enfin, il ne me refte à rendre compte que de la déclaration donnée la veille du jour où Robert Defmarquets fit
la fienne, le 26 Octobre 1478 ; elle eft de Jean le Jeune
natif d'Arras, & naguerre Mayeur d'Arras ; de M.ᵉ Baulde
Lemaître, Licentié en Décret, de Fremin, Garçon Marchand, celui-là même qui fut depuis entendu en témoignage

L

en 1485 , & que j'ai déja convaincu d'impofture ; de Terifard de la Planque, Tapiffier, & de Bauduchon Raoul,
Marchand : voici comment elle eft conçue ; mais n'ou-
bliez pas , je vous prie , que jufqu'ici vous n'avez pas vu
dans l'efpace de 400 ans un feul acte , un feul mot qui n'affure à mes Adverfaires l'état de le Jeune, & qui puiffe faire
feulement foupçonner qu'ils ont la plus légere relation avec
la Maifon de Créqui. Voyons donc cette déclaration de
Jean le Jeune , Baulde Lemaître, Frémin Garçon , Terifard de la Planque & Bauduchon Raoul.

» A tous ceux qui ces préfentes Lettres verront , Robert
» Deftouteville, Chevalier Seigneur de Beine, Baron d'Yvry
» & de Saint-Andry en la Marche , Confeiller-Chambellan
» du Roi, Notre Sire & Garde de la Prévôté de Paris ,
» falut , favoir faifons, que pardevant Dreux , Comteffe ,
» & Jehan Beaufils, Clercs Notaires du Roi , Notre Sire
» de par lui établis en fon Châtelet de Paris, furent prefents en
,, leurs perfonnes honnorables homme Jehan le Jeune , na-
,, tif d'Arras , & naguerre Mayeur dudit Arras , à préfent
,, demeurant à Paris, Maître Baulde Lemaître , Prêtre Mai-
,, tre-ès-Arts, Bachelier en Décrets, natif de Créqui, à deux
,, lieues près d'Ambricourt , Fremin Garçon , Marchand &
,, Bourgeois de Paris , & natif de Pernes en Ternois,
,, ou Comté d'Artois, à trois lieues près dudit lieu d'Am-
,, bricourt, Wiflart de la Planque, Tapiffier, & Bauuchon
,, Raoul , Marchand , natif du pays d'Artois , lefquels dif-
,, trent certifierent & affirmerent pour vérité qu'ils ont
,, bonne & vraie connoiffance de la perfonne de Jehan le
,, Jone, Ecuyer Valet-de-Chambre de Hault & Puiffant

,, Seigneur Monf. de Beaujeu, Conte de Clermont-en-Beau-
,, voifis, & fcavent qu'il eft natif dudit lieu d'Ambricourt,
,, qui eft du Conté de Saint-Pol, fitué ou pays d'Artois,
,, dient & afferment avecques ce que ledit le Jone eft ex-
,, traict de noble lignée de par pere & mere vivans noble-
,, ment de leurs cens, rentes & revenues. Le dient fçavoir les
,, deffus nommez, parce qu'ils font natifs près dudit lieu
,, d'Ambricourt comme dit eft, & ont eu bonne congnoif-
,, fance de la perfonne de feu noble homme Taffart le Jone,
,, pere dud. Jehan le Jone, & led. Maiftre Baulde, dit qu'il
,, a eu bonne congnoiffance de la perfonne de noble femme
,, damoifelle Katerine Potelle mere d'icelui Efcuier & femme
,, dud. Taffart le Jone, laquelle eftoit natifve de la ville
,, d'Hefdin. Lefquelz pere & mere dud. Efcuier vivoient no-
,, blement de leurs rentes & revenues, & eftoient telz te-
,, nuz & reputez oud. pays d'Artois, & oultre dient les
,, deffus nommez que led. Jehan le Jone eft iffu de par pere
,, de ceulx de Créqui, & dont il porte encore de prefent les
,, armes, fors qu'il y a différence de couleurs, & avec ce
,, les deffus nommez ont certifié que led. Jehan le Jone a
,, toujours depuis le trépas de fefd. pere & mere vefquu
,, noblement comme noble perfonne de fes rentes & reve-
,, nues. L'ont veu fuyvrent les guerres & armées du Roi,
,, Nre. Sire foubz & en la compaignie de mond. Seigneur
,, de Beaujeu, avec lequel icellui Efcuier a demouré par l'ef-
,, pace de quinze à feze ans ou environ, & mefmement de-
,, puis le trefpas de feu Monfeigneur le Duc d'Orléans,
,, avec lequel il a demouré par l'efpace de quatre à cinq
,, ans ».

La voilà donc, Meffieurs, cette déclaration accablante qui

doit réformer 400 ans d'une poffeffion vicieufe , & transformer tous les le Jeune en autant de Créqui : quatre mots lachés
par trois ou quatre Tapiffiers opereront cette métamorphofe.

Nous fommes defcendus des Créqui , difent mes Adverfaires , car les honorables hommes Jean le Jeune , Baulde
Lemaitre , Fremin Garfon , Terifard de la Planque & Bauduchon Raoul l'ont déclaré en 1478 , dans l'Étude d'un Notaire. Leur témoignage eft d'autant moins fufpect qu'ils fe font
expliqués fur un fait qu'on ne leur demandoit pas; c'eft le cri
de la confcience & du devoir qui s'eft fait entendre ; ils ont
rendu hommage à la vérité que Jean le Jeune lui-même ignoroit : il étoit Créqui fans le favoir. Son pere, fes ayeux
n'étoient pas plus inftruits, la Maifon de Créqui n'en favoit
pas davantage ; il falloit bien découvrir à cet infortuné l'il-
luftration de fon origine , & le mettre en état de réclamer
l'appui d'une Maifon puiffante pour fortir de l'obfcurité à laquelle il étoit voué. Tels furent les motifs qui ouvrirent la
bouche à Lemaitre , à Laplanque , à Raoul , à Garfon , motifs refpectables & que l'on calomnieroit vainement ; car
enfin la preuve de l'état des hommes ne fe faifoit alors
que par témoins , & comme l'état des hommes eft impréf-
criptible , les fieurs le Jeune font fondés à tirer au bout de
trois fiecles cette preuve de la pouffiere : leur reconnoiffance
même pour les bontés de la Planque , de Raoul , de Garfon ,
de Lemaitre , leur a fait un devoir de venger ces particuliers
du mépris que tous les le Jeune ont fait de leur certificat pendant 300 ans.

Voilà , Meffieurs , les raifons victorieufes qui vous détermi-
neront à écouter aujourd'hui le certificat de 1478 ; la vérité
n'a été que trop long-tems captive, il faut enfin qu'elle paroiffe

dans tout fon éclat , & que vous atteftiez à tout l'Univers , par votre Arrêt , qu'un certificat qui , fuivant nos maximes , feroit infuffifant pour prouver le fait le plus léger & le plus indifférent , peut cependant porter tout-à-coup une famille entiere dans une grande Maifon , lorfqu'il a l'avantage d'é-maner de cinq particuliers obfcurs & indignes de toute créan-ce ; lorfqu'il a été méprifé par celui même à qui il fut donné, par les Juges à qui il fut préfenté , par tous ceux qui l'ont connu depuis trois fiecles , & qu'il fe trouve enfin en contra-diction avec tous les titres d'une Maifon fans en excepter un feul.

Ah ! Meffieurs , eft-ce dans le temple de la Juftice , & devant les premiers organes de nos Loix , qu'on ofe préfenter des titres femblables , & fe livrer à des fubtilités pareilles ? Faut-il que je rappelle ici les principes , & que je difcute fé-rieufement une chimere.

Dans aucun tems & dans aucune nation un homme n'a changé fon état pour en prendre un autre , fans le favoir & fans le demander du moins ; fi donc en 1478 la preuve tefti-moniale eût été comme on le dit , la feule maniere de conf-tater l'état des hommes , il en réfulteroit que fi Jean le Jeune fe fût prétendu Créqui , & qu'il eût réclamé cet état , on l'au-roit admis à la preuve ; fa preuve faite une fois légalement & avec des contradicteurs légitimes , on l'auroit déclaré Cré-qui , mais jamais il ne le feroit devenu par le certificat extra-judiciaire de cinq perfonnes. C'eft donc une premiere abfur-dité de vouloir donner un effet à ce certificat , fur le prétexte qu'en 1478 l'état des hommes ne fe prouvoit que par té-moins.

Mais en 1478 le Droit Romain étoit , comme aujourd'hui , notre Droit commun fur tous les points qui ne fe trouvoient pas réglés par nos Ordonnances & par nos Coutumes ; la dépofition feule des témoins ne fuffifoit donc pas pour faire une preuve de l'état : il falloit que cette dépofition fût préparée & foutenue par la foi des Actes. *Deffende caufam tuam inftrumentis & argumentis quibus potes , foli enim teftes ad ingenuitatis probationem non fufficiunt.* C'eft donc une feconde abfurdité de prétendre que fi Jean le Jeune avoit , en 1478 , réclamé l'état de Créqui , on le lui auroit donné fur la feule foi des témoins.

Bien plus, fi Jean le Jeune avoit réclamé cet état , & fi on l'avoit admis à la preuve , quoiqu'il n'eût aucun titre, on auroit en même tems admis la Maifon de Créqui à la preuve contraire , & Jean le Jeune n'auroit pu faire la fienne qu'en Juftice , contradictoirement avec les Créqui, & fuivant les formalités alors en ufage ; mais jamais un certificat mendié n'auroit été confidéré comme une preuve fuffifante : c'eft donc une troifieme abfurdité de prétendre que le certificat de 1478 prouve l'état de Jean le Jeune.

En 1478 , comme aujourd'hui , les enfans naiffoient fous les yeux de leur pere , ils portoient fon nom , ils étoient élevés dans fon fein , ils receuilloient fa fortune , ils la partageoient avec leurs freres , ils contractoient des alliances avec des Maifons étrangeres , ils fe rapprochoient & fe réuniffoient dans une foule d'occafions avec leurs parents qu'ils connoiffoient bien , & dont ils étoient bien connus : une infinité d'Actes conftatoient tous ces événemens , & formoient une notoriété publique, la premiere & la plus forte preuve de l'état : quand bien même des incendies , des guerres auroient détruit une partie de ces titres , il en feroit toujours resté quelques-uns ; la notoriété publique se seroit maintenue, & la parenté se seroit prouvée par la reconnoissance de toute la famille : C'est donc une quatrieme absurdite de prétendre qu'une attestation de cinq Particuliers étrangers & obscurs auroit suffi pour placer un homme dans une Maison illustre.

En 1478, comme aujourd'hui, un homme se connoissoit, connoissoit son pere, ses ayeux, mieux que des étrangers, sans doute : Jean le Jeune pouvoit apprécier mieux que personne, la valeur de l'attestation qui lui étoit donnée ; il n'y vit cependant pas qu'il étoit Créqui : tous ses descendans, depuis trois siecles, l'ont lue & produite, cette attestation ; elle ne leur a jamais inspiré le soupçon le plus léger sur leur descendance prétendue de la maison de Créqui. C'est donc une cinquieme absurdité, de prétendre aujourd'hui que ce certificat fournit une preuve de cette descendance.

Je ne finirois pas, Messieurs, si je voulois rassembler ici tout ce que je pourrois dire à ce sujet : oser réclamer un état sur un titre de cette espece, c'est, je ne crains pas de le dire, faire un outrage à la Justice, & je l'outragerois moi-même, si je discutois plus long-tems une pareille piece. Je n'ajoute donc plus qu'une réflexion.

La Déclaration de 1478, loin d'établir que Jean le Jeune étoit Créqui, ne prouveroit seulement pas, si elle étoit seule, & n'a pas prouvé en effet dans le tems, qu'il fût noble : ce seroit donc une sixieme absurdité, d'y chercher une preuve de la descendance de la maison de Créqui.

Je dis que cette piece ne prouveroit seulement pas la noblesse de Jean le Jeune, parce qu'en 1478, comme aujourd'hui, la noblesse contestée ne s'établissoit en Justice que de deux manieres, ou par des titres ou par des témoins, quand il y avoit déja commencement de preuve par écrit : C'eſt ce que nous trouvons amplement développé dans la 36ᵉ action de M. le Bret.

,, Quand toutes choſes défaillent, diſoit ce ſavant Magiſ-
,, trat, ne peut-on pas les ſuppléer par témoins ? C'eſt ce qui
,, s'offre principalement à juger en cette cauſe : Car, de ce
,, que les Elus ont déclaré l'Intimé noble ſur une ſeule en-
,, quête, les habitans de la Paroiſſe où il eſt demeurant, en
,, ont interjetté appel, auquel ils viennent de conclure.
,, A la vérité, bien qu'en cette enquête il y ait bon nom-
,, bre de témoins, qui dépoſent de la Généalogie de l'In-
,, timé, ſi eſt-ce que cela ne ſuffit, parce que par les regles &
,, maximes de tout temps obſervées en cette Cour, les faits
,, de Généalogie & de nobleſſe doivent êtres vérifiés, tant par
,, titres que par témoins ; en quoi nous avons imité l'ancienne
,, loi de Rome, qui, pour faire une preuve entiere de l'ingé-
,, nuité, deſiroit non-ſeulement des témoins, mais encore des
,, documens par écrit. ,,

Ces maximes inviolables, avancées par M. le Bret, ſe trouvent conſignées dans tous nos Auteurs : une enquête ne ſuffiſoit donc pas ſeule pour prouver la nobleſſe ; à plus forte raiſon, par conſéquent, un ſimple certificat, loin de prouver que Jean le Jeune fût Créqui, ne prouvoit pas qu'il étoit noble.

Auſſi, en 1485, ſept ans après ce certificat donné, la queſ-tion, ſi Jean le Jeune étoit noble, s'étant élevée, on lui a en-joint de nouveau de faire ſa preuve : le certificat de 1478

n'avoit

n'avoit donc pas prouvé cette nobleſſe ; & c'eſt-là le jugement que les auteurs des ſieurs le Jeune en ont eux - mêmes
porté dans tous les tems.

Daignez vous rappeller, Meſſieurs, que Jeannet le Jeune,
demeurant à Ambricourt , & neveu de Jean le Jeune,
établi à Tours, fut impoſé à la taille à Ambricourt même, en
1494 , dans le lieu qui avoit vu naître tous ſes ayeux , & où
il devoit être connu ſans doute : ce Jean le Jeune, forcé de
juſtifier ſa nobleſſe , accourut en Touraine , auprès de ſon
oncle , pour s'y procurer des titres. Il ſe fit expédier en effet
l'Enquête de 1485 , & le Jugement qui avoit ſuivi : mais il
mépriſa le certificat de 1478 ; il n'en voulut pas de copie ,
parce qu'il ſentit bien que l'exhibition de cette piece , dans la
Province d'Artois, berceau des le Jeune , couvriroit de confu-
ſion ceux qui avoient donné la déclaration , & celui qui la
produiroit.

Car, Meſſieurs, ne penſez pas que dans l'Artois , dans la
patrie de mes Adverſaires, il ait exiſté une ſeule perſonne qui
ait préſumé un ſeul moment que les le Jeune deſcendoient
de la maiſon de Créqui : ces prétendus rejettons d'une maiſon
illuſtre, n'ont pas eu moins de peine à ſe faire juger nobles
en Artois que dans la Touraine ; vous venez de voir que Jeannet le Jeune, neveu de Jean le Jeune , & petit-fils de Taſſart ,
premier auteur connu , fut mis à la Taille à Ambricourt, en
1494 ; & ce qu'il y a de plus fâcheux encore pour mes Adverſaires , qu'il fut obligé de faire un voyage à Tours , auprès de ſon oncle , pour ſe faire délivrer l'expédition de la
Sentence de 1485 : ce ne fut qu'avec le ſecours de cette piece
qu'il fut maintenu dans ſa nobleſſe à Arras. Y paſſoit il donc
pour Créqui ?

M

Ce n'eft pas, au furplus, la feule conteftation que les enfans de Taffart le Jeune ont effuyée dans l'Artois, au fujet de la nobleffe.

Taffart le Jeune eut fix enfans mâles, dont l'un, Mathieu le Jofne, mourut fans poftérité ; un deuxieme, Baudouin le Jofne n'eut que des filles ; mais les quatre autres perpétuerent leur defcendance, & furent tous, ou leurs enfans, du moins, impofés à la taille. Je ne parlerai plus de Jean le Jeune, qui s'établit à Tours : vous connoiffez affez le procès qu'on lui fufcita ; je me borne aux trois enfans de Taffart, qui refterent en Artois.

Le premier, Hugues le Jeune, fut pere de Jeannet le Jeune, qui, mis à la taille à Ambricourt, fit en 1494 le voyage de Tours, dont j'ai déja parlé, pour y chercher des titres & fe munir du Jugement rendu en faveur de fon oncle.

Le fecond, appellé Jean le Jofne, s'établit à Efquirre, & fes enfans, impofés à la taille en 1577, effuyerent une conteftation férieufe dans laquelle ils triompherent cependant avec le fecours de la Sentence qui avoit été rendue en 1494, en faveur de Jeannet le Jeune établi à Ambricourt.

Un troifieme, appellé auffi Jean le Jofne, laiffa plufieurs enfans, qui, troublés dans leur nobleffe en 1594, y furent maintenus par Sentence de l'Election d'Arras ; je rapporte ces Sentences, que je n'ai connu que parce que mes Adverfaires eux-mêmes me les ont indiquées.

Que difoient cependant tous ces le Jeune ? Ils articuloient qu'ils étoient du lignage & parentage des le Jofne ; qu'ils portoient pour armes un créquier ; qu'ils defcendoient de Taffart le Jeune & qu'ils étoient nobles : mais trouve-t-on dans ces Jugemens un feul mot qui annonce, de la part des le Jeune, la prétention de defcendre des Créqui ? Non, Meffieurs, &

au contraire, tout ce qu'ils difent, la conteftation même qu'ils foutiennent, nous prouve affez qu'ils n'ont jamais eu cette idée.

On a fenti combien cette notoriété publique de l'Artois étoit accablante ; & pour fe débarraffer de ce fardeau, nos Adverfaires ont fait plaider que les le Jeune d'Artois, malgré leur nom de le Jeune, malgré leur créquier, leur defcendance de Taffart le Jeune & leur poffeffion d'un fief à Ambricourt, n'étoient cependant pas leurs parens ; que c'étoient des impofteurs qui, en 1577 & 1597, avoient ufurpé la nobleffe en s'enfouchant fur les le Jeune d'Ambricourt ; que les Sentences préfentoient des contradictions qu'on ne pouvoit pas expliquer aujourd'hui, & qu'il falloit par conféquent les écarter.

Non, Meffieurs, ces Sentences ne préfentent aucune contradiction, elles ont au contraire un caractere de vérité auquel il eft impoffible de fe refufer ; elles furent rendues, non pas fur de fimples enquêtes, comme celles de mes Adverfaires, mais fur des Pieces : & pour donner en tout un fpectacle nouveau, il ne manquoit à mes Adverfaires, après avoir voulu fe faire Créqui fans titres, & malgré tous leurs titres & une poffeffion d'état contraire pendant quatre fiecles, il ne leur manquoit, dis-je, que de défavouer pour parens les le Jeune qui plaidoient à Arras en 1577, malgré leur nom de le Jeune, le créquier qu'ils portoient dans leurs armes, leur defcendance de Taffart le Jeune & la poffeffion où ils étoient de tous les biens de ce Taffart.

Mais où pourroit vous conduire le défaveu que vous faites des le Jeune qui plaidoient à Arras en 1577 ? Je vous accorderai pour un inftant qu'ils fe font enfouchés fur les le Jeune d'Ambricourt dont ils ne defcendoient pas ; mais pour s'y enfoucher, il a fallu articuler du moins qu'on étoit de la même famille, & qu'on avoit le même état que les le Jeune d'Ambricourt ; il a fallu parler de ceux-ci d'après la notoriété publique, & par conféquent il réfulteroit toujours de ces Sentences que jamais les le Jeune d'Ambricourt n'ont paffé dans l'Artois pour defcendre des Créqui. J'ai donc eu raifon de dire qu'il n'a jamais exifté perfonne, ni en Artois, ni en Touraine, ni dans la famille le Jeune, ni ailleurs, qui ait dit, qui ait penfé, qui ait préfumé que les le Jeune defcendoient de la Maifon de Créqui ; nous voyons au contraire que, dans les Sentences des Elus d'Arras rendues en 1577 & 1597, les le Jeune articuloient, pour prouver l'antiquité de leurs armoiries, qu'elles avoient été portées par un Rafce le Jeune qui avoit époufé une Antoinette Créqui, defquels étoient iffus un Nicolas le Jeune, de ce Nicolas un Pierre, de ce Pierre un Bertrand le Jeune ; l'on rappelle même les alliances de tous ces Particuliers : je conviens qu'il n'eft fait mention, dans aucune Généalogie de la Maifon de Créqui, de cette Antoinette Créqui qui avoit époufé Rafce le Jeune, mais enfin elle a exifté ; qui étoit-elle ? en quel tems vivoit-elle ? d'où venoit-elle ? tout cela eft affez indifférent aujourd'hui. Eft-ce de cette alliance que les le Jeune ont tenu le créquier de leurs armes ? Les Particuliers qui ont donné leur atteftation en 1478 ont-ils voulu dire que Jean le Jeune étoit iffu, par fon pere Taffart le Jeune, de cette Antoinette Créqui ? Ont-ils voulu dire que les le Jeune d'Ambricourt étoient iffus des le Jeune établis à Créqui, dont ils portoient les armes avec différence de couleurs ? C'eft ce que je n'ai aucun intérêt à rechercher, car j'ai déja suffisamment anéanti, je m'en flatte du moins, cette attestation misérable & les conséquences monstrueuses qu'on voudroit en faire résulter.

Je n'ajouterai qu'une dernière observation ; c'est que Fremin Garson, l'un des attestans, est déja convaincu de l'imposture la plus insigne dans l'enquête de 1485, puisqu'il y dépose qu'il a vu dans son jeune âge Jean le Jeune habiter l'hôtel de son pere, & qu'il est prouvé *même par la Généalogie de mes Adversaires, page 2*, que ce particulier n'avoit qu'un an lorsque Jean le Jeune avoit quitté l'Artois & s'étoit établi en France. Une autre circonstance rend encore ce Fremin Garson & les quatre autres Particuliers qui ont donné leur déclaration en commun avec lui indignes de toute créance. Fremin Garson, entendu en 1485, en présence du Juge, sur la foi du serment, déclare que Jean le Jeune, fils de Taffart, est noble ; qu'il a vu le frere de Jean le Jeune porter armes que l'on dit dépendantes de l'hôtel de Créqui, & *qu'il ne sait pas autre chose.*

Voilà donc tout ce qu'il sait en 1485, lorsqu'il dépose à la face de la Justice ! Comment donc auroit-il pu déclarer chez le Notaire, en 1478, sept ans auparavant, que les le Jeune étoient des Créqui ? Ce n'est donc pas là évidemment ce que les attestans ont voulu dire en 1478, ou si c'est là ce qu'ils ont voulu dire, ils ont dit une imposture, de leur aveu même.

Ce n'est pas la seule au surplus : on lit dans ce certificat que Jean le Jeune avoit toujours vécu noblement ; mais vivoit-il noblement, quand il étoit Tapissier de M. le Duc d'Orléans, ainsi que je l'ai démontré ?

Il me feroit facile d'en trouver d'autres encore ; mais je n'ai
déja que trop difcuté cette atteftation : loin qu'elle fourniffe une
preuve de de votre defcendance de la maifon de Créqui , capable de balancer 400 ans d'une poffeffion inconciliable avec
cette filiation , il réfulte au contraire la démonftration la
plus complette que vous n'êtes pas Créqui , de cela feul que
vous ne pouvez juftifier votre defcendance que par une piece
de cette nature.

Un fimple certificat , donné en 1478 à Jean le Jeune , qui,
15 ans auparavant , étoit Tapiffier de M. le Duc d'Orléans ,
émané de cinq Bourgeois, Marchands ou Tapiffiers, tous étrangers à la maifon de Créqui & aux le Jeune , démontré faux
dans plufieurs points ; démenti par les particuliers même qui
l'ont donné ; contredit par la Déclaration du Lieutenant-Général de la Gouvernance d'Arras , faite à la même époque :
par l'Enquête de 1485 , & par dix mille titres peut-être qui
ont fuivi ; méprifé par Jean le Jeune , à qui il fut donné , &
par tous les le Jeune fans exception , qui ont exifté depuis ;
qui n'a pas même fuffi dans le tems pour prouver la nobleffe
de Jean le Jeune , contraire à la notoriété publique de l'Artois ,
de la Touraine , & de toute la France : ce certificat , dis-je ,
(même en lui fuppofant le fens que vous lui donnez , & qui
peut ne pas être le véritable) ce certificat , tiré de la pouffiere au bout de trois cents ans , ne préfentera pas , en 1780 ,
la preuve , pas même la préfomption la plus mince que vous
foyez Créqui , & ne renverfera pas en un inftant une poffeffion qui fe perpétue depuis trois fiecles.

Hé ! quel eft donc l'état qui feroit déformais affuré , quelle
maifon exifteroit tranquille , quel citoyen ne feroit alarmé , fi

des actes pareils étoient écoutés ? Si deux familles entre lefquelles on ne trouve pas la plus légere trace de relation, dont
les membres ne se sont jamais vus ni connus, qui sont diftin-
guées depuis trois fiecles par des noms & des états différens
& incompatibles, pouvoient tout-à-coup être confondues,
par la vertu d'un certificat au moins équivoque, défavoué
par ceux même de qui il eft émané, & démenti plus fortement
encore par une chaîne non interrompue de titres depuis trois
cents ans ? Eft-ce donc avec des titres auffi méprifables que
l'on parvient à se dépouiller de son véritable état pour ravir
celui d'une maifon illuftre, & n'ai-je pas eu raifon de prétendre que mes Adverfaires, loin de prouver en aucune maniere qu'ils fuffent Créqui, ne faifoient feulement pas naître
dans les efprits impartiaux la plus légere préfomption ?

Voilà cependant, Meffieurs, voilà les prétextes, les feuls
prétextes des fieurs le Jeune pour fe glifler dans la maifon de
Créqui : Je vous ai rendu compte dans le plus grand détail
& avec l'exactitude la plus fcrupuleufe, de tous leurs titres,
fans en excepter un feul : vous connoiffez actuellement la
caufe mieux que nous-mêmes ; j'ofe le demander, fut-il jamais une caufe plus claire, plus fimple, d'une décifion plus
facile ? Pourrez-vous jamais penfer un feul inftant que mes
Adverfaires foient Créqui, & n'eft-il pas évidemment démontré, n'a-t-il pas été perpétuellement reconnu par tous leurs
ayeux, fans en excepter un feul, qu'ils ne l'étoient pas ?

Et cependant vous avez vu que la Sentence dont je fuis
appellant les a déclarés tels ! Elle adopte en tout des conclufions que mes Adverfaires avoient fait fignifier la veille, à 9
heures du foir. Vous êtes affez convaincus actuellement, j'ofe

m'en flater, que ce jugement ne peut fubfifter, & je n'ai que
des réflexions très-courtes à propofer fur chacune de fes difpofitions.

 On donne acté en premier lieu à mes Adverfaires de la reconnoiffance du feu Marquis de Créqui.

J'ai peine à comprendre , Meffieurs, de quel poids peut
être cette reconnoiffance. La reconnoiffance d'un membre
d'une maifon ne peut pas plus communiquer un état que le
défaveu d'un autre membre peut l'enlever : fi vous êtes Créqui, vous ne cefferez pas de l'être , parce que le Marquis de
Créqui & le Comte de Créqui-Canaples ne vous reconnoiffent pas pour tels ; fi vous n'êtes pas Créqui, vous ne le de-
viendrez pas parce que le feu Marquis de Créqui a penfé que
vous l'étiez.

Le nom , les armes, l'état, font un bien commun à tous
les membres d'une maifon : l'un ne peut en difpofer au pré-
judice des autres, jamais peut-être il n'y a eu de queftions
d'état fans quelques reconnoiffances, elles font toujours écar-
tées. *Non Epiftolis neceffitudo confanguinitatis, fed natalibus
conjungitur.*

Le feu Marquis de Créqui n'a pas eu le pouvoir de vous
faire Créqui, fi vous ne l'étiez pas ; aucune puiffance humaine
n'a ce droit. J'ajouterai que quand bien même le feu Marquis
de Créqui auroit pu vous métamorphofer , il n'a pas voulu
le faire, & il ne l'a pas fait; il a pu croire que vous étiez
Créqui & vous reconnoître en conféquence ; mais fon in-
tention n'a jamais été de vous donner cet état, fi vous ne
deviez pas l'avoir : ainfi nous avons deux points conftans : 1°.
Le feu Marquis de Créqui ne pouvoit pas vous faire Créqui,

fi vous

fi vous ne l'étiez pas. 2.° Si vous ne l'étiez pas en effet, il n'a pas voulu vous faire tel, & par conféquent défaut de pouvoir & défaut de volonté ; de quel poids eft donc ici fa reconnoif-fance ? N'eft-il pas évident qu'elle laiffe la caufe entiere ? Ou vous lui avez prouvé que vous étiez Créqui, & alors il vous eft facile de le prouver encore, & vous le devez : ou vous ne le lui avez pas prouvé, & dans ce cas, fa reconnoiffance tombe pleinement & vous eft parfaitement inutile. Paffons aux autres difpofitions de la Sentence.

Après avoir donné acte de cette reconnoiffance, on maintient les fieurs le Jeune dans le droit & poffeffion des noms. & armes de Créqui.

Dans le droit ! Mais où le puifez-vous ce droit ? eft-ce dans vos titres ? où font donc vos titres ? en avez-vous un feul qui ne s'éleve contre vous ? *Dans la poffeffion !* Mais vous êtes hors d'état de juftifier *qu'un feul de vos auteurs ait préfumé un feul inftant qu'il étoit Créqui !* Où eft donc votre poffeffion ?

La Sentence déclare, en troifieme lieu, la plainte du Marquis de Créqui injurieufe & calomnieufe. Vous avez jugé au mois de Mars dernier que cette plainte ne pouvoit être injurieufe & calomnieufe qu'autant que mes Adverfaires prouveroient évidemment qu'ils font iffus de la Maifon de Créqui ; mais il eft au contraire prouvé jufqu'à l'évidence qu'ils n'en font pas iffus.

En quatrieme lieu, la Sentence donne acte à mes Adverfaires de ce qu'ils renoncent volontairement aux dommages & intérêts qu'ils feroient dans le cas de prétendre. Votre Arrêt de l'année derniere leur avoit déja donné acte de cette

N

prétendue renonciation, & c'eſt une affeƐlation puérile de l'avoir demandé une ſeconde fois à Meſſieurs des Requêtes du Palais.

Cinquémement enfin, on permet de faire imprimer, publier & afficher le Jugement.

Oui ſans doute, Meſſieurs, le Jugement de cette Cauſe doit être publié ; mais ce n'eſt pas mon Adverſaire qui le publiera, ce ſera le Marquis de Créqui : il faut que toute l'Europe apprenne qu'il y a encore des Loix & des principes en France ; qu'on ne s'y joue pas de l'état des hommes, & qu'une poſſeſſion de quatre ſiecles ne cede pas à des chimeres.

Car enfin, Meſſieurs, quel peut donc être le prétexte du Jugement que nous attaquons, & quel motif pourra le juſtifier ?

Eſt-ce la reconnoiſſance du feu Marquis de Créqui ? Vous venez de voir ce que vous devez en penſer, je n'ai rien à ajouter à ce que j'ai déja dit.

Eſt-ce le défaut d'intérêt de la Maiſon de Créqui ? Ah ! je ne crains pas que ce motif vous touche, & j'ai déja démontré que cette Maiſon étoit animée par l'intérêt le plus preſſant & le plus ſacré ?

A-t-on craint d'humilier l'amour-propre des ſieurs le Jeune en les laiſſant dans la famille où ils ſont nés ?

Faut-il donc, pour leur donner un état qu'ils ont eu tort de vouloir uſurper, déclarer calomniateur le Marquis de Créqui, qui a eu raiſon de ne pas les reconnoître ; & qu'elle eſt cette pitié funeſte qui flétrit l'innocent pour ſauver le coupable ?

Est-ce l'autorité du sieur d'Hosier qui a entraîné les suffrages ? Mais l'autorité du sieur d'Hosier, dans une Cause de cette nature, est absolument nulle : nous n'avons pas besoin d'un Généalogiste pour décider si les sieurs le Jeune ont ou non des titres qui les constituent Créqui ; & s'il falloit un Généalogiste pour prononcer sur le mérite de ces titres, ce ne seroit pas assûrément le sieur d'Hosier que l'on consulteroit : son ouvrage est plein de suppositions, d'omissions & d'erreurs ; je n'en ai relevé que la moindre partie, j'en supprime pour ce moment le détail, je le donnerai aussi-tôt que mes Adversaires paroîtront le desirer.

Que ce Généalogiste attache s'il le veut les sieurs le Jeune à une maison éteinte, ou qu'en leur conservant leur véritable nom, il recule leur origine tant qu'il voudra, la maison de Créqui n'en murmurera pas ; elle le verra alors s'épuiser en conjectures, sans regret comme sans intérêt ; mais qu'il ait le droit d'introduire arbitrairement des rejettons dans les premieres maisons de l'État, ce seroit là le comble du délire, & ce ne peut pas être le motif de la Sentence.

Sont-ce donc enfin des présomptions, qui ont arraché ce Jugement ? J'avoue que le Substitut de M. le Procureur-Général, qui portoit la parole, s'est déterminé, d'après les prétendues présomptions qu'il a cru résulter du nom de le Jeune, des armes & des Certificats : il a avancé comme un principe incontestable, qu'en pareille matiere, des présomptions étoient suffisantes ; il a cité même l'autorité de M. Daguesseau, dans la cause de la prétendue fille de Pierre

Avril, & je ne fuis pas étonné que l'opinion des Juges ait été entraînée par une autorité fi impofante. Malheureufement on ne leur avoit pas lu le paffage : eft-il donc vrai que ce Magiftrat ait jamais propofé de prodiguer l'état des hommes fur de fimples préfomptions ? Ah ! Meffieurs , gardons-nous de calomnier la mémoire de ce Grand Homme, & de penfer qu'une doctrine fi indigne de lui , fe trouve dans aucun de fes ouvrages. M. d'Agueffeau difoit qu'il faut des préfomptions violentes en matiere d'Etat, pour déterminer la Juftice à admettre la preuve teftimoniale. Mais qu'il fallût donner un état fûr des préfomptions ! ni M. d'Aguefleau , ni aucun Auteur , n'ont jamais avancé des maximes fi funeftes à la fociété.

Quand nous les adopterions dans nos mœurs, ces maximes fatales , quel fruit en retireroient mes Adverfaires ? Et, fi vous pouviez vous déterminer fur des préfomptions , balanceriez-vous un inftant à prononcer ?

Eft-il à préfumer que Jean le Jeune, né dans la famille des le Jeune , Tapiffier de M. le Duc d'Orléans, en 1460 , fût de la maifon de Créqui, qui, depuis cinq fiecles jettoit alors le plus grand éclat, & dont un des membres étoit à la même époque, Chevalier de la Toifon d'Or , premier Chambellan du Duc de Bourgogne , & Ambaffadeur de ce Prince auprès de Louis XI ? Eft-il à préfumer que Jean le Jeune fût de la Maifon de Créqui, fans le favoir ? Eft-il à préfumer, qu'averti de fon origine, il n'ait pas pris fon nom ? Eft-il à préfumer que, ni la maifon de Créqui, ni aucun le Jeune, n'eût jamais foupçonné cette parenté ? Eft-il à préfumer qu'on eût fept fois contefté la nobleffe des le Jeune , s'ils avoient été

Créqui ? Eft-il à préfumer que dans l'Artois même , dans le berceau de cette famille , on les eût impofés à la taille ? Eft-il à préfumer que les ayeux de mes Adverfaires n'aient jamais compris des titres qu'ils confultoient tous les jours ? Eft-il à préfumer que pendant trois fiecles , il n'y ait pas eu un feul le Jeune qui ait connu fa defcendance ? Eft-il enfin à préfumer qu'une famille , qui , depuis qu'elle fe connoît, n'eft que le Jeune, ait été Créqui dans un tems où perfonne ne la connoiſſoit , & dont il ne refte ni trace ni veftige ? Voilà , voilà des préfomptions mille fois plus victorieufes , fans doute, que celles que vous tirez de votre nom , de vos armes & de vos enquêtes ; & , s'il faut fe déterminer par de préfomptions , peut-on en trouver de plus décifives ?

Mais il ne s'agit pas ici de probabilités : des probabilités ne fuffifent pas pour enlever ou pour donner un état ; vous écarterez donc, Meffieurs , toutes fortes de préfomptions , & fidelles aux regles inviolables dont jamais vous ne vous êtes départis , & qui jufqu'à ce jour ont maintenu l'état de tous les hommes, vous verrez que mes Adverfaires n'ont ni titres , ni poffeffion de l'état qu'ils réclament ; que dix mille actes , peut-être , & 400 ans d'une poffeffion contraire s'élevent contre leurs prétentions : voilà en deux mots toute la caufe , & voilà ce qui déterminera votre décifion.

Ce ne font pas de vaines conjectures & des confidérations frivoles qui réglent les Oracles de la Juftice. Toutes les confidérations s'évanouiffent devant vous , & vous prononcez , Meffieurs, comme la poftérité qui juge tous les hommes, fans intérêt & fans paffion ; comme elle vous n'appercevrez dans cette Caufe qu'une Famille que des mouvemens ambitieux ont égarée , & une Maifon illuftre qui ne veut pas permettre que des étrangers héritent du nom & de la gloire de fes Ayeux ; & au moment où vous rendrez votre Arrêt , tous les Ordres de l'État , tous les Citoyens vertueux béniront la main qui confacre des principes garants du repos & de la félicité publique.

Monfieur **D'AGUESSEAU**, *Avocat-Général.*

M.ᵉ TREILHARD, Avocat.

COVOISART, Procureur.